リカの
フランス語単語帳
500

― 入門編 ―

田中成和 / 渡辺隆司

共著

イラスト / 内田由紀

駿河台出版社

❤ はじめに ❤

　こんにちは，あたし，リカです。今は大学を休学して，パリで語学学校に通っているの。フランス語はまだそんなにできないけど，友達になったポールやエレーヌたちと，毎日楽しくパリの街を飛び回ってます！

　そんなあたしのヒミツ兵器はこの本！！フランス語で一番よく使われる単語が集められていて，覚えるのも無理じゃなかったし，文法なんかの説明もスッゴクわかりやすいから，授業中に「？」があっても，ちょっと見るだけで「あー，そーなんだ♡」って納得できちゃうスグレ物！

　それに，イラストもいっぱいで，ビジュアル的にフランス語がスラスラわかって，お勉強が苦手だったあたしでも，けっこう楽しく覚えられちゃったのよね。で……実を言うと，この本の単語しか知らなかったんだけど，仏検 5 級にもスンナリ受かっちゃった♡

　それにね，これまでは訳がついていても，「何でこーなるのよォ」って思っていた旅行会話集だって，なんとなくわかるようになったの。ね，この本ってスゴイでしょ！！

　続々と「初級編 1000」とか，「中級編」も出るそうだし，みんなもこの本で勉強してみたら，かなりイケルと思うよ！

　3 ページ目からは，この本の使い方があるから，説明も読んでみてね。

by リカ

♥ もくじ ♥

はじめに ♥ 1
この本のねらいと使い方 ♥ 3〜6
アルファベ ♥ 7
登場人物紹介 ♥ 8

unité ❶ ──────────── 9〜24
イラストで覚える 100 単語

unité ❷ ──────────── 25〜264
例文で覚える基本 500 単語

unité ❸ ──────────── 265〜280
よく分かる文法ノート

unité ❹ ──────────── 281〜224
さくいん

この本のねらいと使い方

　この本は 3 つの部分からできています。

　unité ❶ のカラーページにある単語は，身の回りのものなどを，目で見てすぐわかるよう分類しました。楽しく覚えてください。

　unité ❷ では，フランス語を始めたばかりの人が，まず最初に覚えなければならない単語約 500 語を ABC 順に並べています。カラーページにある単語も，ここでは例文とともに記載されています。覚えた単語には，♡に✓していきましょう。3 回✓を入れれば，頭にはいると思います。

　この 500 語は，文部省認定のフランス語検定試験――いわゆる仏検――の 5 級で過去に出題されたことのある単語にしぼりました。初心者には，男女の人名や地名などわからないことが多いので，これも加えました。この程度の単語を覚えておけば，仏検 5 級は楽に合格します。また，仏検では，冠詞や前置詞など，文の仕組みを支える言葉（機能語）が重視されています。そうした機能語は，ワンポイントアドバイスなどで，やさしくていねいに説明されているので，フランス語の授業でわからないことも，本書を読めば，クリアーになるはずです。例文は，フランスに留学中のリカをイメージしながら，初歩のフランス語の文を読んだり，会話をするために必要なやさしいものにしました。CD を聞きながら，繰

り返し読んでみましょう。

　unité ❸ の「よく分かる文法ノート」では，個々に覚えるよりも，まとめて覚えた方が効率的な機能語などをならべました。

　さくいんにも，単語の前に♡をつけました。最後の総チェックです。すぐに訳が思いうかぶ単語には✓をつけていきましょう。全部に✓がついたら，この本は卒業です。

2000年3月
著　者

　なお，フランス語の例文は，マルク＝ダニエル・マルグリエスさんに検討をお願いし，貴重な助言を頂きました。
　CDの吹き込みは，ジャニック・マーニュさんにお願いしました。

例1

品詞など　名詞が男性名詞であること（女性名詞は囡）
　　　　　　覚えたら1つずつチェックしていきます

みだし語 → **avril** [avril アヴリル] ← 発音記号とカタカナ表記
4月 ⇒ 月 p.278

みだし語の訳　関連語（他の月名など）の参照ページを
　　　　　　　示しています（⇔は反意語）

例2

男性形・女性形で変化する形容詞や名詞の場合，
1行目が男性形
2行目が女性形

（短い単語のときは haut [o オ]，haute [ot オット] のように横に並べているものもあります。その時は前が男性形で後が女性形です。形容詞・名詞で単語1語だと男女同形です）

形容詞

court [kur クール]
courte [kurt クルト]
短い ⇔ long, longue 長い

例文 → Rika a les cheveux *courts*.
　　　リカ　ア　レ　シュヴー　クール
　　　リカの髪は短い。

フリガナは同封の赤い下敷きを使うと
見えなくなります。

例3　　　　↓ 複数形で使われる名詞

名詞 [女] 複数　　　♡ ♡ ♡

courses [kurs クルス]

買い物

熟語の
マーク　→　◆ faire des courses　買い物をする

例4　**plaît ⇒ s'il vous plaît**

　　　　　　　↑
　　　　　このマークのときは後のみだしでみてください。

フリガナについて

❤ フリガナは,

　　Il y a un livre dans la valise.
　　イリ　ア　アン　リーヴル　　ダン　　ラ　ヴァリーズ

—— のように単語の区切りについていることが多いのですが,
この本では,

　　Il y a un livre dans la valise.
　　イリア　　　アンリーヴル　　　ダンラヴァリーズ

　　（スーツケースのなかに　一冊の本が　あります）

—— というふうに, 意味のまとまり（リズム・グループ）でフリ
ガナをつけてあります。この方が, フランス語として正しく聞こえま
すから, ひとつのリズム・グループは一息で読むようにしましょう。

注：フリガナが長くなりすぎるとわかりにくいことがあるので, リエゾンは
　　絶対必要なところしかしていません。

Alphabet
アルファベ

A	**a**	[ɑ / ア]	**N**	**n**	[ɛn / エヌ]
B	**b**	[be / ベ]	**O**	**o**	[o / オ]
C	**c**	[se / セ]	**P**	**p**	[pe / ペ]
D	**d**	[de / デ]	**Q**	**q**	[ky / キュ]
E	**e**	[ə / ウ]	**R**	**r**	[ɛr / エール]
F	**f**	[ɛf / エフ]	**S**	**s**	[ɛs / エス]
G	**g**	[ʒe / ジェ]	**T**	**t**	[te / テ]
H	**h**	[aʃ / アッシュ]	**U**	**u**	[y / ユ]
I	**i**	[i / イ]	**V**	**v**	[ve / ヴェ]
J	**j**	[ʒi / ジ]	**W**	**w**	[dubləve / ドゥブルヴェ]
K	**k**	[kɑ / カ]	**X**	**x**	[iks / イクス]
L	**l**	[ɛl / エル]	**Y**	**y**	[igrɛk / イグレック]
M	**m**	[ɛm / エム]	**Z**	**z**	[zɛd / ゼド]

登場人物紹介

Rika Sato
リカ　サトー
500 語覚えてフランス
へ短期留学した元気娘。

Paul Dumont
ポール　　　デュモン
売り出し中のミュージシャン。
ハンサムだけど彼女無し？

François Dumont
フランソワ　　デュモン
ポールの父。離婚歴有り。
恋多きお医者様。

Hélène Marceau
エレーヌ　　マルソー
ポールのいとこ。お嬢様で美
人のリセエンヌ。まだ 17 歳。

Jean Poulet
ジャン　　プーレ
日本びいきのシャイな青年。
ポールの親友？らしい。

unité ①

イラストで覚える 100単語

リカの部屋 (la chambre de Rika)
ラ シャンブル　　　　　ドゥ リカ

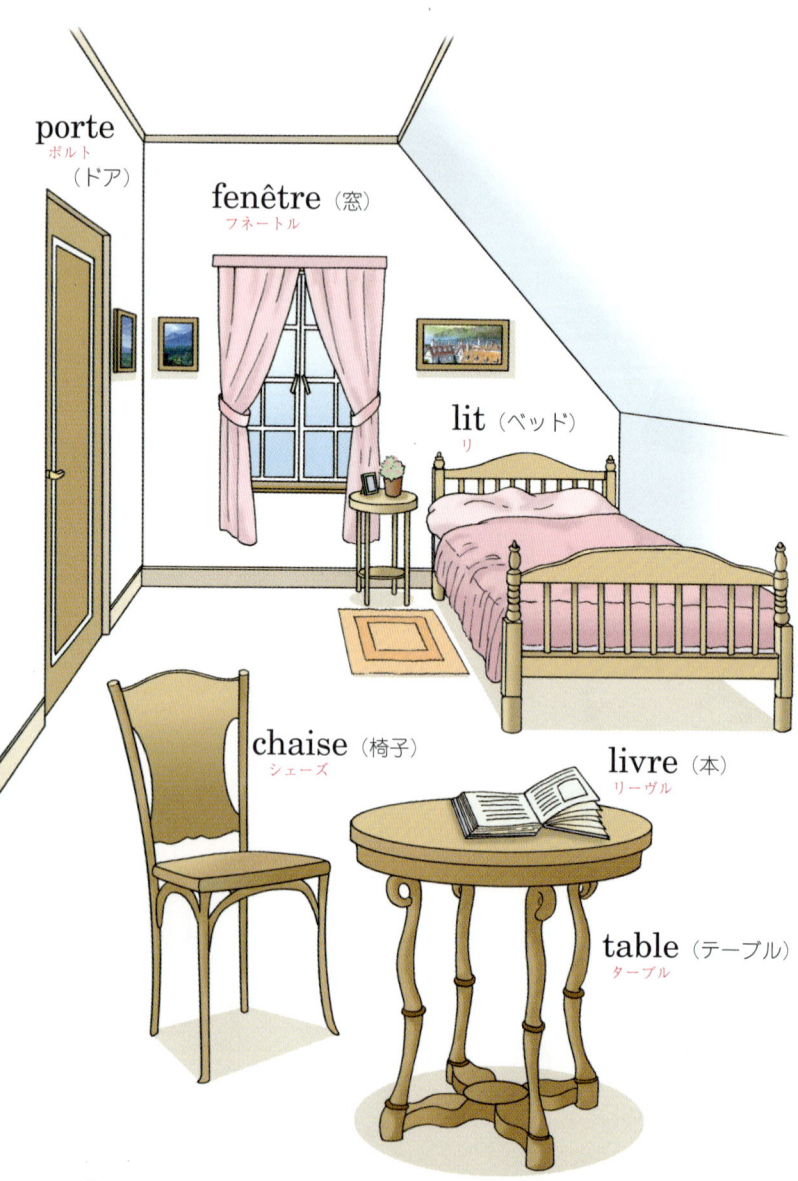

リカの家 (la maison de Rika)
ラメゾン　　　　　ドゥリカ

キッチン (la cuisine)
ラキュイジーヌ

身体

tête（頭）
テート

cheveux（髪）
シュヴー

Bonjour
ボンジュール

（こんにちは）

main（手）
マン

jambe
ジャンブ

（脚 — ももからくるぶしまで）

pied（足先）
ピエ

人間

homme（男，人間）
オム

femme（女）
ファム

gens（人々）
ジャン

personne（人）
ペルソンヌ

garçon（男の子）
ガルソン

fille（女の子；娘）
フィーユ

家族

人々

étudiant（男子学生）
エテュディアン

étudiante（女子学生）
エテュディアント

médecin（医者）
メドゥサン

professeur（先生）
プロフェスール

ami（男の友だち）
アミ

amie（女の友だち）
アミ

買い物 (courses)

今日はパリの街でショッピングにチャレンジ！

robe（ワンピース）
ローブ

超カワイー♡
ゲーット！！

francs（フラン）
フラン

985 FF

ゲッ

たかい〜〜

argent（お金）
アルジャン

プル
プル

S'il vous plaît.
シルヴプレ
（お願いします）

カードで！

montre（腕時計）
モントル

1.200 FF

街 (ville)
ヴィル

パリの町並みで単語を覚えてみよう！

café（カフェ）
カフェ

restaurant
レストラン

（レストラン）

gare（駅）
ガール

poste（郵便局）
ポスト

hôtel（ホテル）
オテル

musée（美術館）
ミュゼ

église（教会）
エグリーズ

cinéma（映画館）
シネマ

place（広場）
プラース

voiture（車）
ヴォワテュール

taxi（タクシー）
タクシ

rue（通り）
リュ

école（学校）
エコール

mer（海）
メール

soleil（太陽）
ソレイユ

vent（風）
ヴァン

montagne（山）
モンターニュ

campagne（田舎）
カンパーニュ

village（村）
ヴィラージュ

リカのスケジュールノート

	matin（朝） マタン	**midi**（正午） ミディ
lundi ランディ （月）	leçon de français ルソン　ドゥフランセ （フランス語のレッスン）	
mardi マルディ （火）		déjeuner avec Paul デジュネ　アヴェックポール （ポールと昼食）
mercredi メルクルディ （水）		déjeuner デジュネ avec Hélène アヴェッケレーヌ （エレーヌと昼食）
jeudi ジュディ （木）	travailler chez moi トラヴァイエ　シェモワ （家で勉強）	
vendredi ヴァンドルディ （金）	visiter le Louvre ヴィジテ　ルルーヴル （ルーブル美術館を見に行く）	
samedi サムディ （土）	préparer プレパレ mon sac モンサック （旅行の準備）	partir en avion パルティール　アンナヴィオン avec Paul et Hélène アヴェックポール　エ　エレーヌ （ポールとエレーヌと飛行機で出発）
dimanche ディマンシュ （日）	visiter la ville ヴィジテ　ラヴィル （町を見物）	aller à la mer アレ　アラメール （海に行く）

après-midi (午後) アプレミディ	**soir** (夜) ソワール
travailler chez moi トラヴァイエ　シェモワ （家でお勉強）	aller faire des courses アレフェール　　デクルス （お買い物）
	manger du fromage et マンジェ　　デュフロマージュ　エ des pommes chez moi デポム　　　シェモワ （家でチーズとリンゴを食べる）
faire des courses フェール　　デクルス avec Hélène アヴェックケレーヌ （エレーヌとお買い物）	aller danser avec des amis アレ　　ダンセ　　アヴェックデザミ （友達と踊りにいく）
l'examen レグザマン （試験）	dîner chez M. Marceau ディネ　　　シェムシューマルソー （マルソーさんのお宅で夕食）
aller au cinéma アレ　　オシネマ avec Paul アヴェックポール （ポールと映画を見に行く）	dîner chez M. Dumont ディネ　　シェムシューデュモン avec Paul et son père アヴェックポール　エ　ソンペール （デュモン家でポール、お父さんと夕食）
voyage à Nice ヴォワイアージュ　アニース （ニース旅行）	dîner dans le restaurant ディネ　　　　ダンルレストラン de l'hôtel ドゥロテル （ホテルのレストランで夕食）
déjeuner デジュネ près de la mer プレドゥラメール （海辺で昼食）	dîner chez les amis ディネ　　　シェレザミ de Paul ドゥポール （ポールの友達の家で夕食）

色 (couleur)
クルール

rouge（赤）
ルージュ

blanc, blanche（白）
ブラン　　ブランシュ

bleu, bleue（青）
ブルー　　ブルー

vert, verte（緑）
ヴェール　ヴェルト

noir, noire（黒）
ノワール　ノワール

24

例文で覚える 500単語

unité ②

動詞	♡ ♡ ♡

a [ア] ⇒ avoir

前置詞	♡ ♡ ♡

à [aア] …

…に，…へ；…で

Rika va *à* Paris.
リカ ヴァ アパリ

リカはパリに行きます。

Je travaille *à* la maison.
ジュトラヴァーユ アラメゾン

わたしは家で勉強します。

***À* midi, nous prenons le déjeuner.**
アミディ ヌプルノン ルデジュネ

昼の 12 時に，わたしたちは昼食をとります。

でも，大文字のときには，前置詞の à でも，アクサン・グラーヴを省略することがあるから気をつけてね。

ワンポイントアドバイス

前置詞 à は定冠詞 le, les が続くときには縮約形 (au, aux) になります。

On va **au** café ?　　　　（カフェに行かない？）
オンヴァ　オカフェ
　　　↗↖
　　à ＋ le

J'ai mal **aux** pieds.　　　（わたしは足が痛い。）
ジェ　マル　　オピエ
　　　　↗↖
　　　à ＋ les

ワンポイントアドバイス

a と à のちがい

アクサン・グラーヴのついていない a は avoir（持っている）の活用形です。

- il a...　　　　　　（彼は…を持っている）
  イラ

- elle a...　　　　　（彼女は…を持っている）
  エラ

- Rika a...　　　　　（リカは…を持っている）
  リカ　ア

- il y a...　　　　　（…がある）
  イリア

Il a une voiture.（彼は一台の車を持っている。）
イラ　ユヌヴォワチュール

> ワンポイントアドバイス

アクサン記号について

- アクサン・グラーヴは e につくもの以外は発音とは関係ありません。
- 以下の単語を区別するのに使われます。

a	avoir の活用形	(il a, elle a...)
à	前置詞	
la	定冠詞	(あの…, 例の)
là	副詞	(そこ, あそこ)
ou	接続詞	(あるいは)
où	疑問詞	(どこ)

é と è

- e の上にアクサン記号がついたものは必ず [エ] と読みます。
- e の上につくアクサン記号はほとんど é です。
- ただ, père, mère のように [è + 子音 + 発音しない e] のときには, è が使われます。
- また, près (近くに), après (…の後で), très (とても) はおぼえましょう。

accord ⇒ d'accord

動詞 ♡ ♡ ♡

acheter [aʃte アシュテ]

買う ⇔ vendre 売る

j'achète ジャシェット	nous achetons ヌザシュトン
tu achètes テュアシェット	vous achetez ヴザシュテ
il achète イラシェット	ils achètent イルザシェット

Tu achètes cette robe ?
テュアシェット　　セットローブ

そのワンピースを買うの？

acheter は er 動詞だけれど，単数形 (je, tu, il) と三人称複数形 (ils) では e の上にアクサン・グラーヴがつくんだ。

前置詞句	♡ ♡ ♡

à côté de... ［akote də　アコテ　ドゥ］

…のとなりに

À côté de la gare, il y a un hôtel.
アコテ　　　　ドゥラガール　　イリア　　アンノテル

駅のとなりに，1軒のホテルがあります。

名詞 男	♡ ♡ ♡

âge ［ɑʒ　アージュ］

年齢

Quel *âge* avez-vous ?
ケラージュ　　　アヴェヴ

年はいくつですか？

— J'ai dix-neuf ans.
　ジェ　　ディズヌヴァン

— 19歳です。

動詞	♡ ♡ ♡

ai ［エ］ ⇒ avoir

動詞

aimer ［eme エメ］

愛する，好きだ；…するのが好きだ

j'aime ジェーム	nous aimons ヌゼモン
tu aimes テュエーム	vous aimez ヴゼメ
il aime イレーム	ils aiment イルゼーム
elle aime エレーム	elles aiment エルゼーム

J'aime beaucoup la musique.
ジェーム　　ボクー　　　ラミュジック
　　わたしは音楽が大好きです。

Rika *aime* faire des courses.
リカ　エーム　フェール　デクルス
　　リカは買い物をするのが好きだ。

❤ 母音，または h ではじまっている動詞

● エリジオン
　je は j' になる。
● アンシェーヌマン
　il, elle は l がうしろの母音とつながって読まれる。
● リエゾン
　複数形 (nous, vous, ils, elles) では，発音しない語末の s が [z] という音になって，発音されるようになる。

31

名詞 男	♡ ♡ ♡

air [ɛr エール]

表情，様子

◆ **avoir l'air...**　…のように見える

Jean ***a l'air*** content.　　　ジャンはうれしそうだ。
ジャン　ア　レール　コンタン

動詞	♡ ♡ ♡

aller [ale アレ]

① 行く ⇔ venir 来る　② 元気である

je vais	nous allons
ジュヴェ	ヌザロン
tu vas	vous allez
テュヴァ	ヴザレ
il va	ils vont
イルヴァ	イルヴォン

① 行く；+ 不定詞…しに行く ⇔ venir 来る

Rika, où est-ce que tu ***vas*** ?
リカ　　ウエスク　　テュヴァ

　　リカ，どこに行くの？

— Je ***vais*** à la poste.
　ジュヴェ　アラポスト

　　― 郵便局にいくのよ。

On *va* faire des courses cet après-midi ?
オンヴァ　フェール　デクルス　セッタプレミディ
　　今日の午後買い物に行かない？

② 元気である；順調だ。

Monsieur Dumont, comment *allez*-vous ?
ムシュー　デュモン　コマンタレヴ
　　デュモンさん，お元気ですか？

— Je *vais* très bien, merci.
ジュヴェ　トレヴィアン　メルシ
　　とても元気です，ありがとう。

Ça *va* ?　元気？／それでいいかい？
サヴァ

動詞	♡　♡　♡

aller + 不定詞

もうすぐ…する；…するつもりだ

［近い未来］もうすぐ…する，…するところだ

Paul *va rentrer*.
ポール　ヴァ　ラントレ
　　ポールはもうすぐ帰ってきますよ。

Le train *va partir*.
ルトラン　ヴァ　パルティール
　　列車はまもなく出発します。

Je *vais acheter* ce sac.
ジュヴェ　アシュテ　スサック
　　私はこのバッグを買うつもりです。

間投詞	♡ ♡ ♡

allô [alo アロー]

（電話で）もしもし

Allô, bonjour Paul ! C'est Rika.
アロー　ボンジュール　ポール　　セ　リカ

もしもし，こんにちはポール。こちらリカです。

副詞	♡ ♡ ♡

alors [alɔr アロール]

それでは

Alors, on rentre ?　それじゃ，帰ろうか？
アロール　オンラントル

名詞	♡ ♡ ♡

ami [ami アミ]（男）, amie [ami アミ]（女）

友だち，友人

Ce soir, je dîne avec des ***amis***.
　　　スソワール　　ジュディヌ　　アヴェックデザミ

今晩，わたしは友人たちと夕食をとります。

C'est un ***ami***.　　　　C'est une ***amie***.
セタンナミ　　　　　　　　セテュナミ

これは男の友だちです。　　これは女の友だちです。

34

| 名詞 男 | ♡ ♡ ♡ |

an [ã アン]

① 年　② …歳

① 年

Il est en France depuis un ***an***.
イレタンフランス　　　　ドゥピュイアンナン

彼は1年前からフランスにいます。

② …歳

Ma sœur a neuf ***ans***.
マスール　ア　ヌヴァン

わたしの妹は9歳です。

un an, trois ans, six ans,
アンナン　トロワザン　シザン

neuf ans のようにリエゾンに
ヌヴァン

注意しようね。

| 人名 男 | ♡ ♡ ♡ |

André [ãdre アンドレ]

名詞 女

année [ane アネ]

（1月1日から始まる）年

Il y a quatre saisons dans l'*année*.
イリア　　カトルセゾン　　　　　ダンラネ
1年には四季があります。

名詞 男

août [u, ut ウ, ウット]

8月 ⇒ 月 p. 278

動詞

appeler ⇒ s'appeler

動詞

apporter [apɔrte アポルテ]

もってくる

Rika, *apporte*-moi le journal, s'il te plaît.
リカ　　アポルトモワ　　　　ルジュルナル　　　シルトゥプレ
リカ、新聞をもってきてよ。

動詞

apprendre [aprɑ̃dr アプランドル]

学ぶ，習う，覚える

j'apprends <small>ジャプラン</small>	nous apprenons <small>ヌザプルノン</small>
tu apprends <small>テュアプラン</small>	vous apprenez <small>ヴザプルネ</small>
il apprend <small>イラプラン</small>	ils apprennent <small>イルザプレンヌ</small>

Il *apprend* le français.
<small>イラプラン　　　ルフランセ</small>

　　彼はフランス語を勉強しています。

> Ils apprennent の
> リエゾンに注意

Ils *apprennent* le français.
<small>イルザプレンヌ　　　ルフランセ</small>

　　彼らはフランス語を勉強しています。

前置詞	♡ ♡ ♡

après [aprɛ アプレ] ...

… の後に［で］ ⇒ avant … の前に

Après le déjeuner, ils vont au musée.
アプレルデジュネ　　　イルヴォン　　オミュゼ

昼食後，彼らは美術館に行きます。

名詞 男	♡ ♡ ♡

après-midi [aprɛmidi アプレミディ]

午後 ⇒ 1日 p. 279

Qu'est-ce que tu fais cet ***après-midi*** ?
ケスク　　　　テュフェ　　セッタプレミディ

今日の午後は何をするの？

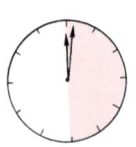

名詞 男	♡ ♡ ♡

arbre [arbr アルブル]

木

Il y a beaucoup d'***arbres*** dans le jardin.
イリア　　ボクー　　　ダルブル　　　ダンルジャルダン

庭にはたくさんの木があります。

名詞 男

argent [arʒɑ̃ アルジャン]

お金

Je n'ai pas d'*argent*.
ジュネパ　　　ダルジャン
お金がありません。

動詞

arriver [arive アリヴェ]

到着する ⇔ partir 出発する

Il *arrive*. 彼が着く。　　Ils *arrivent*. 彼らが着く。
イラリーヴ　　　　　　　　イルザリーヴ

☞ Ils arrivent の
リエゾンに注意

動詞

as [ア] ⇒ avoir

39

表現

Asseyez-vous. [asejevu アセイエヴ]

おかけください。

Asseyez-vous.
アセイエヴ

動詞

attendre [atɑ̃dr アタンドル]

待つ

j'attends	nous attendons
ジャタン	ヌザタンドン
tu attends	vous attendez
テュアタン	ヴザタンデ
il attend	ils attendent
イラタン	イルザタンド

Attends ici. Je vais acheter des billets.
アタン　イシ　ジュヴェ　アシュテ　デビエ

ここで待ってて。
切符を買ってくるから。

表現

Attention ! [atɑ̃sjɔ̃ アタンシオン]

気をつけて！

---

au, aux ⇒ à

表現

Au revoir. [ɔʀəvwaʀ オルヴォワール]

さようなら。

副詞

aujourd'hui [oʒuʀdɥi オジュルデュイ]

今日 ⇒ 1日 p. 279

Ma sœur vient de Lyon *aujourd'hui*.
マスール　ヴィアン　ドゥリヨン　オジュルデュイ

わたしの姉は今日リヨンから来ます。

| 副詞 | ♡ ♡ ♡ |

aussi [osi オシ]

同じくらい

Hélène est *aussi* grande que Rika.
_{エレーヌ　　エトシグランド　　　　クリカ}

エレーヌはリカと同じくらいの背の高さです。

| 名詞 男 | ♡ ♡ ♡ |

automne [ɔtɔn オトンヌ]

秋 ⇒ 季節 p. 278

| 前置詞 | ♡ ♡ ♡ |

avant [avɑ̃ アヴァン] ...

…より前に，…までに， ⇔ après …の後に

Il faut rentrer *avant* neuf heures.
_{イルフォ　ラントレ　　アヴァンヌヴール}

9時までに帰らなければならない。

42

前置詞 ♡ ♡ ♡

avec [avɛk アヴェック] …

…と，…といっしょに

Rika va au restaurant *avec* des amis.
　リカ　ヴァ　　オレストラン　　アヴェックデザミ
　　　　リカは友だちといっしょにレストランに行きます。

◆ **avec plaisir**　よろこんで

⇔ non merci けっこうです

Voulez-vous du vin ?
　ヴレ　　　　　デュヴァン
　ワインはいかが？
— ***Avec plaisir*** !
　アヴェックプレジール
　　— よろこんで！

動詞　♡ ♡ ♡

avez [アヴェ] ⇒ **avoir**

43

名詞 男

avion [avjɔ̃ アヴィオン]
飛行機

Je vais à Nice en *avion*.
ジュヴェ　アニース　アンナヴィオン

　　わたしは飛行機でニースに行きます。

Vous prenez l'*avion* à quelle heure ?
ヴプルネ　　ラヴィオン　　　アケルール

　　あなたは何時に飛行機に乗るのですか？

動詞

avoir [avwar アヴォワール]
持っている

j'ai ジェ	nous avons ヌザヴォン
tu as テュア	vous avez ヴザヴェ
il a イラ	ils ont イルゾン
elle a エラ	elles ont エルゾン

Rika *a* beaucoup d'amis.
リカ　ア　ボクー　　ダミ

　　リカにはたくさんの友だちがいます。

Je n'*ai* pas de voiture.
ジュネ　パ　ドゥヴォワテュール

　　わたしは車をもっていません。

表現

avoir + 無冠詞名詞

[人の状態をあらわす]

avoir chaud 暑い　　　avoir froid 寒い
アヴォワール　ショ　　　　　　　フロワ

avoir faim お腹がすいている　avoir soif のどが渇いている
ファン　　　　　　　　　　　　ソワフ

avoir peur 怖い
プール

avoir mal à... …が痛い
マル　ア

Qu'est-ce que tu *as* ?
ケスク　　　　　テュ ア

　どうしたの？

— J'*ai* froid.
ジェ　フロワ

　—寒いの。

❤ chaud, faim などはそれぞれの項目を見てね。

45

| 動詞 | ♡ ♡ ♡ |

avons [アヴォン] ⇒ **avoir**

| 名詞 男 | ♡ ♡ ♡ |

avril [avril アヴリル]

4月 ⇒ 月 p.278

形容詞

beau [bo ボ], bel [bɛl ベル]
belle [bɛl ベル]

美しい；すばらしい

La mère d'Hélène est très *belle*.
ラメール デレーヌ エ トレベル

エレーヌのお母さんはとても美人です。

Il fait *beau* aujourd'hui.
イルフェ ボ オジュルデュイ

今日は天気がいい。

Il y a un *bel* hôtel devant l'église.
イリア アンベロテル ドゥヴァンレグリーズ

教会の前に一軒のきれいなホテルがあります。

ワンポイントアドバイス

- beau, bel, belle は名詞の前におかれる形容詞で、母音、または h ではじまる男性名詞の前では、bel のかたちになり、これを男性単数第2形といいます。

- 男性単数第2形をもつ他の形容詞

    nouveau, *nouvel*, nouvelle （新しい）
    ヌボ ヌヴェル ヌヴェル

    vieux, *vieil*, vieille （古い）
    ヴィユ ヴィエイユ ヴィエイユ

副詞

beaucoup [boku ボクー]

とても，大いに

J'aime *beaucoup* la viande.
ジェーム　　ボクー　　　ラヴィアンド

わたしは肉が大好きです。

◆ **beaucoup de...** たくさんの …

Il y a *beaucoup de* cafés à Paris.
イリア　　ボクー　　ドゥカフェ　　アパリ

パリにはたくさんのカフェがあります。

副詞

bien [bjɛ̃ ビアン]

上手に，うまく，よく；元気に

Paul chante *bien*.
ポール　シャント　ビアン

ポールは歌がうまい。

Ma mère va très *bien*.
マメール　ヴァ　トレビアン

わたしの母はとても元気です。

Un café, s'il vous plaît.
アンカフェ　　シルヴプレ

コーヒー1杯，お願いします。

—Très *bien*, Monsieur.
トレビアン　　ムシュー

—かしこまりました，ムシュー。

◆ **bien sûr** もちろん

Bien sûr, j'aime les fleurs.
ビアンシュール　ジェーム　レフルール
もちろん，わたしは花が好きです。

副詞	♡ ♡ ♡

bientôt [bjɛ̃to ビアント]
もうすぐ，まもなく

Le train arrive ***bientôt***.
ルトラン　アリーヴ　ビアント
列車はまもなく到着します。

◆ **À bientôt！**（別れのあいさつ）また近いうちにね。

49

名詞 男 ♡ ♡ ♡

billet [bijɛ ビエ]

切符, チケット

Deux ***billets*** pour Lyon, s'il vous plaît.
ドゥビエ　　　プールリヨン　　　シルヴプレ

リヨンまで 2 枚おねがいします。

形容詞 ♡ ♡ ♡

blanc [blɑ̃ ブラン]
blanche [blɑ̃ʃ ブランシュ]

白い ⇔ noir, noire 黒い ⇒ 色 p. 24

Vous aimez le vin ***blanc*** ?
ヴゼメ　　　ルヴァン　　ブラン

白ワインはお好きですか？

形容詞	♡ ♡ ♡

bleu [blø ブルー], bleue [blø ブルー]

青い ⇒ 色 p. 24

Jean a une voiture *bleue*.
ジャン ア ユヌ ヴォワテュール ブルー

　　　ジャンはブルーの車をもっている。

動詞	♡ ♡ ♡

boire [bwar ボワール]

飲む

je bois ジュボワ	nous buvons ヌビュボン
tu bois テュボワ	vous buvez ヴビュヴェ
il boit イルボワ	ils boivent イルボワーヴ

Qu'est-ce que vous *buvez* ?
　ケスク　　　　ヴビュヴェ

　　何を飲みますか？

> 形容詞 ♡ ♡ ♡
> # bon [bɔ̃ ボン], bonne [bɔn ボンヌ]
> ① よい；おいしい ② よろしい

① よい；おいしい ⇔ mauvais, mauvaise 悪い；まずい

*C'est une **bonne** idée !*
セテュヌボンヌイデ
　それはいい考えだ。

*C'est **bon**, ce fromage !*
セ　ボン　　スフロマージュ
　このチーズはおいしいな。

② ［間投詞として］**わかりました；よろしい**

C'est dix francs.　　10 フランです。
セ　　ディフラン

*—**Bon**. Je prends ça.*
ボン　ジュプラン　　サ
　ーそうですか。それをいただきます。

> 名詞 男 ♡ ♡ ♡
> # bonjour [bɔ̃ʒur ボンジュール]
> （朝と，昼間のあいさつ）**こんにちは，おはよう**

***Bonjour**, Monsieur ! Comment allez-vous ?*
ボンジュール　　ムシュー　　　　　　コマンタレヴ
　こんにちは，お元気ですか？

| 名詞 男 | ♡ ♡ ♡ |

bonsoir [bɔ̃swar ボンソワール]

（夕方以降のあいさつ）こんばんは

Bonsoir, Rika ! Où est-ce que tu vas ?
　ボンソワール　リカ　　　ウエスク　　　テュヴァ
こんばんは，リカ。どこに行くの？

| 人名 女 | ♡ ♡ ♡ |

Brigitte [briʒit ブリジット]

| 名詞 男 | ♡ ♡ ♡ |

bruit [brɥi ブリュイ]

音；騒音

Tu entends ce ***bruit*** ？　あの音が聞こえる？
テュアンタン　　スブリュイ

53

C

5

指示代名詞 ♡ ♡ ♡

ça [sa サ]

これ，それ，あれ

Ça va bien ?
サヴァ　ビアン
　　元気かい？

C'est **ça**.
セ　サ
　　そうですよ。

Je prends **ça**.
ジュプラン　サ
　　これいただきます。

Ça va bien?

名詞 男 ♡ ♡ ♡

café [kafe カフェ]

コーヒー；喫茶店，カフェ

Un **café**, s'il vous plaît.
アンカフェ　　　　シルヴプレ
　　コーヒー1杯おねがいします。

On va au **café** ?
オンヴァ　オカフェ
　　カフェに行かない？

54

名詞 囡

campagne [kɑ̃paɲ カンパーニュ]

田舎, 田園 ⇔ ville 街, 都市

En week-end ils vont à la *campagne*.
アンウィケンド　イルヴォン　　　アラカンパーニュ
週末に彼らは田舎に行きます。

国名 男

Canada [kanada カナダ]

カナダ

Demain, M. Marceau arrive au *Canada*.
ドゥマン　ムシュー　マルソー　アリーヴ　オカナダ
あした，マルソーさんはカナダに着きます。

名詞 囡

capitale [kapital カピタル]

首都

Paris est la *capitale* de la France.
パリ　エ　ラカピタル　　ドゥラフランス
パリはフランスの首都です。

Paris

France

人名 囡	♡ ♡ ♡

Caroline [karɔlin カロリーヌ]

人名 囡	♡ ♡ ♡

Catherine [katrin カトリーヌ]

指示形容詞	♡ ♡ ♡

ce [sə ス], cet [sɛt セット]
cette [sɛt セット], ces [se セ]

① この，その，あの，これらの… ② 今の

	男性名詞	女性名詞
単数形	ce (cet)	cette
複数形	ces	

⇒ 名詞マーク p. 269

① この，その，あの，これらの…

Je prends *cette* robe.
シュプラン　　セットロブ

　このワンピースをいただきます。

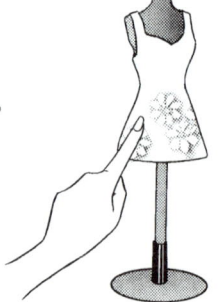

ワンポイントアドバイス

- ce, cet, cette, ces はうしろにくる名詞の性数を区別するだけで,「この, その, あの」のちがいをあらわしていません。それは前後の関係から判断します。

- ce のうしろには単数形の男性名詞がきます。

    ce train（この列車）
    ストラン

- cet のうしろには母音か h ではじまる単数形の男性名詞がきます。

    cet avion（この飛行機）
    セッタヴィオン

- cette のうしろには単数形の女性名詞がきます。

    cette voiture（この車）
    セットヴォワテュール

- ces のうしろには複数形の名詞がきます。

    ces trains, ces avions, ces voitures
    セトラン　　　セザヴィオン　　セヴォワテュール

② 今の, 今日の

Il fait beau *ce* matin.
イルフェ　ボ　　　スマタン

　　　今朝はいい天気だ。

人名 囡 ♡ ♡ ♡

Cécile [sesil セシル]

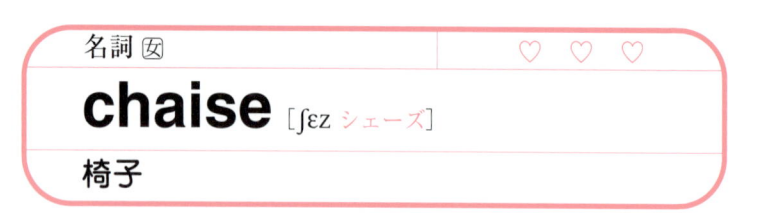

名詞 囡 ♡ ♡ ♡

chaise [ʃɛz シェーズ]

椅子

Il faut acheter une *chaise*.
イルフォ　アシュテ　　ユヌシェーズ

椅子を1つ買わなくちゃ。

名詞 女 ♡ ♡ ♡

chambre [ʃɑ̃br シャンブル]

寝室；（ホテルなどの）部屋

Sa *chambre* est très grande.
　サシャンブル　　エ　　トレグランド
彼の部屋はとても広い。

Vous avez une *chambre* pour cette nuit ?
　ヴザヴェ　　ユヌシャンブル　　　プールセットニュイ
（ホテルのフロントで）今晩部屋はありますか？

59

地名 男

Chamonix [ʃamɔni シャモニー]

シャモニー（アルプスのウィンターリゾート地）

Paris
Chamonix

名詞 女

chance [ʃɑ̃s シャンス]

つき，幸運

Rika, tu as de la *chance* !
リカ　テュア　ドゥラシャンス
リカ，きみはついてるね。

100万人目で
お食事タダ？

1.000.000

人名 女

Chantal [ʃɑ̃tal シャンタル]

動詞	♡ ♡ ♡

chanter [ʃɑ̃te シャンテ]

歌う

je chante	nous chantons
ジュ シャント	ヌ シャントン
tu chantes	vous chantez
テュ シャント	ヴ シャンテ
il chante	ils chantent
イル シャント	イル シャント

Paul, tu *chantes* très bien !
ポール テュシャント トレビアン

ポール，あなたとても歌がうまいのね。

61

| 形容詞 | ♡ ♡ ♡ |

chaud [ʃo ショ]
chaude [ʃod ショード]

暑い；熱い ⇔ froid 寒い；冷たい

Attention ! C'est *chaud* !
アタンシオン　セ　ショ
　　気をつけて！　熱いよ！

◆ **avoir chaud** （人が）暑く感じている

J'ai chaud.
ジェ　ショ
　　暑いわ。

◆ **il fait chaud** （天候が）暑い

Il fait très *chaud* aujourd'hui.
イルフェ　　トレショ　　　オジュルデュイ
　　今日はとても暑いね。

| 形容詞 | ♡ ♡ ♡ |

cher [ʃɛr シェール], chère [ʃɛr シェール]

(値段が) 高い

C'est *cher* !
　セ　シェール
これ高いわ。

Ce n'est pas *cher* !
　スネパ　シェール
これ安いわ。

たかがTシャツで

| 動詞 | ♡ ♡ ♡ |

chercher [ʃɛrʃe シェルシェ]

探す

Qu'est-ce que tu *cherches* ?
ケスク　　　　　テュシェルシュ
　何を探しているの？

— Je *cherche* mon sac.
　ジュシェルシュ　モンサック
　—わたしのバッグを探しているの。

| 名詞 男 複数 | ♡ ♡ ♡ |

cheveux [ʃəvø シュヴー]
髪

Rika a les *cheveux* noirs.
リカ　ア　　レシュヴー　　ノワール
　リカの髪は黒い。

| 前置詞 | ♡ ♡ ♡ |

chez [ʃe シェ] ...
… の家で［に］

Voulez-vous venir *chez* nous demain ?
ヴレヴ　　ヴニール　　シェヌ　　　ドゥマン
　あしたわたしたちの家にいらっしゃいませんか？

動詞 ♡ ♡ ♡

choisir [ʃwazir ショワジール]

選ぶ，選択する

je	choisis ジュショワジ	nous	choisissons ヌショワジソン
tu	choisis テュショワジ	vous	choisissez ヴショワジセ
il	choisit イルショワジ	ils	choisissent イルショワジス

Il faut *choisir* une robe pour sortir.
イルフォ　ショワジール　ユヌローブ　プールソルティール

外出するのに，ワンピースを選ばないといけない。

chose ⇒ quelque chose

名詞 男

cinéma [sinema シネマ]

映画館

◆ **aller au cinéma**　映画を見に行く

On *va au cinéma* ce soir ?
オンヴァ　　オシネマ　　　スソワール

今晩，映画を見に行かない？

数詞

cinq [sɛ̃k サンク]

5 ⇒ 数詞 p. 270

名詞 女

classe [klɑs クラース]

クラス，教室

Dans ma *classe*, il y a treize filles.
ダンマクラース　　　イリア　　トレーズフィーユ

わたしのクラスには 13 人の女子がいる。

人名 男 または 女　　　♡ ♡ ♡

Claude [klod クロード]

クロード木村です!!

日本ではリカと超なかよかったです！
（日本語）

カワイー♡　もろタイプ♡　男の子？女の子？

ドキドキドキドキドキドキド

ゲットよ

「クォーターで18歳、男子」って言ってるか？
なんかメチャメチャに通訳してねーか

たしか
ニューハーフ！
みたいな感じ？

疑問副詞

combien [kɔ̃bjɛ̃ コンビアン] ?

[数をたずねる] ⇒ 疑問詞 p. 274

① いくら, いくつ, どれだけ

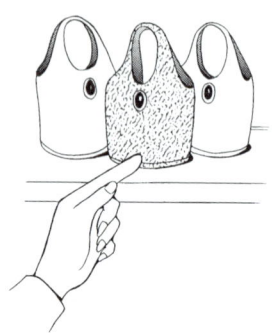

C'est *combien* ?
　セ　　コンビアン
　　いくらですか？

Ça fait *combien* en tout ?
　サフェ　コンビアン　アントゥ
　　全部でいくらになりますか？

Vous êtes *combien* ?
　ヴゼット　コンビアン
　　（レストランで）何人さまですか？

—Nous sommes six.
　　ヌ ソム　　シス
　　― 6人です。

② Combien de ...

[数を聞いて] どれだけの …, 何人の …

Combien d'enfants avez-vous ?
　コンビアン　　ダンファン　　アヴェヴ
　　お子さんは何人ですか？

③（日付を聞いて）何日

Le ***combien*** sommes-nous aujourd'hui ?
ルコンビアン　　　　ソムヌ　　　　　　オジュルデュイ
　　今日は何日ですか？

— Nous sommes le 3 mai.
　　ヌソム　　　ルトロワ　メ
　　― 5月3日です。

接続詞	♡ ♡ ♡

comme [kɔm コム] …

… のように

Qu'est-ce que tu fais, Rika ?
ケスク　　　テュフェ　リカ
　　リカ，なにしてるの？

— ***Comme*** tu vois, je travaille.
　　コムテュヴォワ　　　ジュトラヴァーユ
　　― 見てのとおりよ，勉強してるの。

動詞	♡ ♡ ♡

commencer [kɔmɑ̃se コマンセ]

始まる；始める ⇔ finir 終わる；終える

L'examen ***commence*** à quelle heure ?
レグザマン　　　　コマンス　　　　アケルール
　　試験は何時に始まるの？

69

疑問副詞　♡　♡　♡

comment [kɔmɑ̃ コマン]?

どのように ⇒ 疑問詞 p. 274

Comment allez-vous ?　お元気ですか？
コマンタレヴ

Il s'appelle ***comment***, ton père ?
イルサペル　　　　コマン　　　　トンペール
　きみのお父さんの名前はなに？

— Il s'appelle Daniel.
　イルサペル　　　　ダニエル
　— ダニエルです。

Comment est sa maison ?
コマン　エ　サメゾン
　彼［彼女］の家はどんなですか？

動　詞　♡　♡　♡

comprendre [kɔ̃prɑ̃dr コンプランドル]

理解する（活用 ⇒ prendre）

Vous ***comprenez*** ?
ヴコンプルネ
　わかりますか？

— Non, je ne ***comprends*** pas.
　ノン　　ジュヌコンプランパ
　— いえ，わかりません。

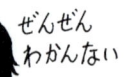

70

動詞

connaître [kɔnɛtr コネートル]

知っている

je	connais ジュコネ	nous	connaissons ヌコネソン
tu	connais テュコネ	vous	connaissez ヴコネセ
il	connaît イルコネ	ils	connaissent イルコネス

Vous *connaissez* Daniel Marceau ?
ヴコネセ　　　ダニエル　　　マルソー

あなたはダニエル・マルソーをごぞんじですか？

ワンポイントアドバイス

- connaître は人や場所などを（見たり，行ったりして）知っていること（経験上知っている）。
- savoir は出来事ややり方などを知っていること（…についての知識がある）。

| 形容詞 | ♡ ♡ ♡ |

content [kɔ̃tɑ̃ コンタン]
contente [kɔ̃tɑ̃t コンタント]
満足している，よろこんでいる

Rika est très *contente*.
リカ エ トレ コンタント
リカはとてもよろこんでいます。

ついにポールとデート！
注）ホラー映画見るだけ…

côté ⇒ à côté de...

| 名詞 女 | ♡ ♡ ♡ |

couleur [kulœr クルール]
色 ⇒ 色 p.24

Quelle est la *couleur* de sa voiture ?
ケレ　エ　ラ クルール　　ドゥサヴォワテュール
彼の車は何色ですか？

名詞 囡 複数	♡ ♡ ♡

courses [kurs クルス]

買い物

◆ **faire des courses**　買い物をする

Rika, on va *faire des courses* ?
リカ　オンヴァ　フェール　デクルス

リカ，買い物に行かない？

形容詞	♡ ♡ ♡

court [kur クール]
courte [kurt クルト]

短い ⇔ long, longue 長い

Rika a les cheveux *courts*.
リカ　ア　レシュヴー　クール

リカの髪は短い。

動詞 ♡ ♡ ♡
coûter [kute クテ]
（値段が）…である

Ça *coûte* combien ?
サクート　コンビアン
　おいくらですか？

Ça *coûte* vingt francs, Madame.
サクート　ヴァンフラン　マダム
　20フランです，奥さん。

20 FFr

名詞 女 ♡ ♡ ♡
cuisine [kɥizin キュイジーヌ]
料理；キッチン，台所

◆ **faire la cuisine**　料理をする

Paul aime *faire la cuisine*.
ポール　エーム　フェール　ラキュイジーヌ
　ポールは料理をするのが好きです。

キムラシェフには
負けないよ

副詞句

d'accord [dakɔr ダコール]

わかった，いいよ，OK

Rika, va acheter du pain, s'il te plaît.
リカ ヴァ アシュテ デュパン シルトゥプレ

リカ，パンを買ってきてよ。

— *D'accord*.
　ダコール

— いいわよ。

前置詞

dans [dɑ̃ ダン] …

… のなかで［に］

Hélène lit un livre *dans* sa chambre.
エレーヌ リ アンリーヴル ダンサシャンブル

エレーヌは部屋で本を読んでいます。

Il y a un livre *dans* la valise.
イリア アンリーヴル ダンラヴァリーズ

スーツケースのなかに本が1冊入っている。

前置詞	♡ ♡ ♡

dans +時間表現

… 後に

Nous partons en voyage ***dans*** trois jours.
ヌパルトン　アンヴォワイアージュ　　ダントロワジュール

私たちは3日後に旅行に出発します。

動詞	♡ ♡ ♡

danser [dɑ̃se ダンセ]

踊る

Rika ***danse*** avec Paul.
リカ　　ダンス　　アヴェックポール

リカはポールと踊っています。

ワンポイントアドバイス

前置詞 de は定冠詞 le, les が続くときには縮約形になります。

le musée ***du*** Louvre　　（ルーヴル美術館）
ルミュゼ　デュルーヴル
　　de ＋ le

le journal ***des*** enfants　（子供新聞）
ルジュルナル　デザンファン
　　de ＋ les

前置詞

de [də ドゥ] ...

① …の ② …から

de は母音と h ではじまる単語の前では d' になるんだ。

① …の

Le père *de* Paul est médecin.
ルペール ドゥポール エ メドゥサン

ポールのお父さんは医者です。

② …から

Elle vient *de* France.
エルヴィアン ドゥフランス

彼女はフランスから来ています。

❤ Du vin, s'il vous plaît.（いくらかのワインをください）の du は部分冠詞, また Il y a des enfants.（何人かの子供たちがいます）の des は不定冠詞複数形なのよ。

de ⇒ pas de ...

副詞　♡ ♡ ♡

debout ［dəbu ドゥブ］

立っている

Jean, ne reste pas *debout* !
ジャン　ヌレストパ　ドゥブ

ジャン，立ったままでいないで！

名詞 男　♡ ♡ ♡

décembre ［desɑ̃br デサンブル］

12月 ⇒ 月 p. 278

| 副詞 | ♡ ♡ ♡ |

déjà [deʒa デジャ]

もう，すでに

Il est ***déjà*** neuf heures !　Il faut rentrer.
イレ　　デジャ　　ヌヴール　　　　　　イルフォ　　ラントレ

もう9時だ。帰らなきゃ。

| 名詞 男／動詞 | ♡ ♡ ♡ |

déjeuner [deʒœne デジュネ]

① 昼食　② 昼食をとる　⇔ dîner 夕食

On va ***déjeuner***.
オンヴァ　　デジュネ

昼食にしましょう。

◆ **petit déjeuner**　朝食
　　プティデジュネ

Je prends mon ***petit déjeuner***
ジュプラン　　　モンプティデジュネ

à sept heures et demie.
アセットゥール　　エ　　ドゥミ

わたしは7時半に朝食をとります。

| 部分冠詞 + 母音またはhではじまる単数形名詞 | ♡ ♡ ♡ |

de l' [dəl ドゥル] ...

いくらかの ⇒ du

ワンポイントアドバイス

de l' のかたちからはうしろの名詞が男性名詞か女性名詞かわかりません。

- **de l'eau**　　　　（いくらかの水＝女性名詞）
  ドゥロ
- **de l'argent**　　　（いくらかのお金＝男性名詞）
  ドゥラルジャン

| 部分冠詞 + 単数形女性名詞 | ♡ ♡ ♡ |

de la [dəla ドゥラ] ...

いくらかの ⇒ du

副詞

demain [dəmɛ̃ ドゥマン]

あした ⇒ 1日 p. 279

Qu'est-ce que tu fais *demain* ?
ケスク　　テュフェ　　ドゥマン

きみはあした何するの？

◆ À *demain* !　またあしたね。
　アドゥマン

形容詞

demi [dəmi ドゥミ]
demie [dəmi ドゥミ]

半分の，1/2 の

Il est six heures et *demie*.
イレ　シズール　エ　ドゥミ

6時半です。

前置詞	♡ ♡ ♡

depuis [dəpɥi ドゥピュイ] ...

… から，… 以来 ⇔ jusqu'à... まで

Rika est en France ***depuis*** trois mois.
リカ　エタンフランス　ドゥピュイトロワモワ

リカは3カ月前からフランスにいます。

形容詞	♡ ♡ ♡

dernier [dɛrnje デルニエ]
dernière [dɛrnjɛr デルニエール]

最後の ⇔ premier, première 最初の

C'est le ***dernier*** train.
セ　ル デルニエ トラン

それは最終電車です。

前置詞	♡ ♡ ♡

derrière [dɛrjɛr デリエール] ...

… のうしろに［で］ ⇔ devant... の前に［で］

Rika marche ***derrière*** Paul.
リカ　マルシュ　デリエールポール

リカがポールのうしろを歩いている。

| 不定冠詞 + 複数形名詞 | ♡ ♡ ♡ |

des [de デ] …

いくつかの，何人かの ⇒ un

Vous avez *des* enfants ?
ヴザヴェ　　　デザンファン

　　あなたは（何人か）お子さんがいらっしゃいますか？

Il y a *des* livres sur la table.
イリア　　デリーヴル　　　シュールラターブル

　　テーブルの上に（何冊か）本があります。

ワンポイントアドバイス

- 一人，二人 … , ひとつ，ふたつ … と数えられるものが「いくつか」とか「何人か」という場合，フランス語ではは des をつけます。
- 英語で「some + 複数形名詞」か，「冠詞なしの複数形名詞」となるものです。

動詞	♡ ♡ ♡

descendre [desɑ̃dr デサンドル]

降りる ⇔ monter 登る，乗る

je	descends ジュデサン	nous	descendons ヌデサンドン
tu	descends テュデサン	vous	descendez ヴデサンデ
il	descend イルデサン	ils	descendent イルデサンド

Rika *descend* du taxi.
リカ　デサン　デュタクシ

リカはタクシーから降ります。

数詞	♡ ♡ ♡

deux [dø ドゥ]

2 ⇒ 数詞 p. 270

前置詞

devant [dəvã ドゥヴァン] ...

… の前に［で］⇔ derrière … のうしろに［で］

Paul marche *devant* Rika.
ポール　マルシュ　　　　ドゥヴァンリカ

　　ポールはリカの前を歩いています。

動詞

devoir [dəvwar ドゥヴォワール] ...

… しなければならない

je	dois	nous	devons
	ジュドワ		ヌドゥヴォン
tu	dois	vous	devez
	テュドワ		ヴドゥヴェ
il	doit	ils	doivent
	イルドワ		イルドワーヴ

Demain matin, je *dois* partir tôt.
ドゥマンマタン　　　ジュドワ　パルティール　ト

　　あしたの朝, わたしは早く出発しなければなりません。

形容詞	♡ ♡ ♡

difficile [difisil ディフィシル]

むずかしい ⇔ facile 簡単な

Cette question est *difficile*.
セットケスティオン エ ディフィシル
この問題はむずかしい。

名詞 男	♡ ♡ ♡

dimanche [dimɑ̃ʃ ディマンシュ]

日曜日 ⇒ 曜日 p. 279

名詞 男／動詞	♡ ♡ ♡

dîner [dine ディネ]

① 夕食 ② 夕食をとる ⇔ déjeuner 昼食

Jean *dîne* à sept heures.
ジャン ディヌ アセットゥール
ジャンは7時に夕食をとります。

動詞

dire [dir ディール]

言う

je dis (ジュディ)	nous disons (ヌディゾン)
tu dis (テュディ)	vous dites (ヴディット)
il dit (イルディ)	ils disent (イルディーズ)

Qu'est-ce qu'elle *dit* ?
ケスケルディ

彼女はなにを言っているの？

数詞

dix [dis ディス]

10 ⇒ 数詞 p. 270

数詞

dix-huit [dizɥit ディズユイット]

18 ⇒ 数詞 p. 270

数詞	♡ ♡ ♡

dix-neuf [diznœf ディズヌフ]

19 ⇒ 数詞 p. 270

数詞	♡ ♡ ♡

dix-sept [dissɛt ディスセット]

17 ⇒ 数詞 p. 270

動詞	♡ ♡ ♡

donner [dɔne ドネ]

与える

***Donnez*-moi du thé, s'il vous plaît.**
　ドネモワ　　　　　デュテ　　　　シルヴプレ

紅茶をください。

D'accord.

動詞

dormir [dɔrmir ドルミール]

眠る

je	dors	nous	dormons
	ジュドール		ヌドルモン
tu	dors	vous	dormez
	テュドール		ヴドルメ
il	dort	ils	dorment
	イルドール		イルドルム

Rika *dort* dans sa chambre.
リカ　ドール　　ダンサシャンブル

リカは部屋で寝ている。

数詞

douze [duz ドゥーズ]

12 ⇒ 数詞 p. 270

| 副詞 | ♡ ♡ ♡ |

droit [drwa ドロワ]

まっすぐ

◆ **tout droit**　まっすぐに（tout は強調）

Allez *tout droit*.
アレ　　　トゥドロワ
　　まっすぐ行ってください。

| 名詞 男 | ♡ ♡ ♡ |

droite [drwat ドロワット]

右 ⇔ gauche 左

◆ **à droite**　右に

Tournez *à droite*.
トゥルネ　アドロワット
　　右に曲がってください。

◆ **sur votre droite**　あなたの（道の）右側に

Il y a un café *sur votre droite*.
イリア　　アンカフェ　　シュールヴォトルドロワット
　　あなたの右手にカフェがあります。

部分冠詞 + 単数形男性名詞　　♡　♡　♡

du [dy デュ] ...

いくらかの ⇒ 名詞マーク p. 268

	男性名詞	女性名詞
うしろに子音	**du**	**de la**
うしろに母音か h	**de l'**	

Vous prenez ***du*** fromage ?
　ヴプルネ　　　デュフロマージュ

　チーズを食べますか？

Vous voulez ***de l'***eau ?
　ヴヴレ　　　ドゥロ

　水はいかがですか？

Jean mange ***de la*** viande.
　ジャン　マンジュ　　ドゥラヴィアンド

　ジャンは肉を食べています。

ワンポイントアドバイス

ひとつ，ふたつと数えられないものが「いくらか」あると言いたいとき，部分冠詞がつかわれます。
うしろには単数形名詞がきます。

- du は男性名詞につく
- de la は女性名詞につく
- de l' はうしろに母音か h がきたとき

E

名詞 囡

eau [o オ]

水

De l'*eau*, s'il vous plaît.
ドゥロ　　　　　　シルヴプレ

水をください。

名詞 囡

école [ekɔl エコール]

学校

Virginie va à l'*école* à huit heures.
ヴィルジニー　ヴァ　アレコール　　アユイトゥール

ヴィルジニーは8時に学校に行きます。

動詞　　　　　　　　　　♡　♡　♡

écouter [ekute エクテ]

聞く

Rika *écoute* de la musique.
　リカ　　エクート　　　　ドゥラミュジック

リカは音楽を聞いています。

Il *écoute*.
　イレクート

彼は聞いている。

Ils *écoutent*.
　イルゼクート

彼らは聞いている。

ワンポイントアドバイス

- écouter は（聞こうとして）「聞く」
- entendre は（自然に）「聞こえる」

動詞

écrire [ekrir エクリール]

書く ⇔ lire 読む

j'écris ジュクリ	nous écrivons ヌゼクリヴォン
tu écris テュエクリ	vous écrivez ヴゼクリヴェ
il écrit イレクリ	ils écrivent イルゼクリーヴ

Rika *écrit* une lettre à sa mère.
リカ　エクリ　ユヌレートル　アサメール

リカはお母さんに手紙を書いています。

お元気ですか？
あたしってば
もーすっかり
パリジェンヌです。

名詞 女

église [egliz エグリーズ]
教会

Il y a un petit jardin derrière l'*église*.
イリア　　アンプティジャルダン　　デリエール レグリーズ

教会の裏に小さな庭があります。

間投詞

eh [e エ]
ねえ，おや

Eh, attention !
エ　　アタンシオン

ねえ，気をつけて！

◆ **eh bien**　それでは

Eh bien, à tout à l'heure !
エビアン　　アトゥタルール

それじゃ，また後でね。

人称代名詞【主語】/【強勢形】　♡ ♡ ♡

elle [εl エル]

① 彼女は，それは　② 彼女 ⇒ 人称代名詞 p.266

①【主語】彼女は，それは

Rika est étudiante ?
　リカ　エ　エテュディアント

　　リカは学生ですか？

— Oui, ***elle*** est étudiante.
　　ウイ　エレ　　エテュディアント

　　— はい，彼女は学生です。

Elle est belle, cette voiture !
　エレ　　ベル　　セットヴォワテュール

　　きれいだね，この車！

ワンポイントアドバイス

elle も elles も女性名詞の代わりになります。ただし人間だけでなく，ものの場合もあります。elle, elles というかたちを見ると，「彼女は」，「彼女たちは」と思いこみがちですが，「それは」，「それらは」のこともあるのです。

②【強勢形】彼女

Quand est-ce qu'on va chez ***elle*** ?
　カンテスコンヴァ　　　　　　シェゼル

　　彼女の家にはいつ行く？

人称代名詞【主語】／【強勢形】

elles [ɛl エル]

① 彼女たちは，それらは　② 彼女たち ⇒ p.266

① 【主語】彼女たちは，それらは

Elles sont amies.
　エルソン　　アミ

　　彼女たちは友だちです。

② 【強勢形】彼女たち

Tu viens chez moi avec ***elles***?
テュヴィアン　シェモワ　アヴェッケル

　　彼女たちといっしょにぼくの家に来ない？

前置詞

en [ã アン] ...

… に, …で

Cet été, je vais *en* France.
セテテ　　ジュヴェ　　アンフランス

今年の夏, わたしはフランスに行きます。

Nous sommes *en* hiver.
ヌソム　　　　アンニヴェール

今は冬です。

On va à Lyon *en* train ou *en* voiture ?
オンヴァ ア リヨン　アントラン　ウ　アンヴォワテュール

リヨンには列車で行くの, それとも車?

ワンポイントアドバイス

乗り物につく前置詞

en train アントラン	(列車で)	*en* voiture アンヴォワテュール	(車で)
en avion アンナヴィオン	(飛行機で)	*à* pied アピエ	(歩いて)

ワンポイントアドバイス

季節につく前置詞

au printemps （春に）
オプランタン

en été （夏に）
アンネテ

en automne （秋に）
アンノトンヌ

en hiver （冬に）
アンニヴェール

en のうしろの名詞には
ふつう冠詞がつかないんだ。

副詞句　　　　　　　　　♡　♡　♡

en face [ɑ̃fas アンファス]

向かいに，正面に

Il y a un restaurant *en face*.
イリア　　アンレストラン　　　　アンファス

　　向かいにレストランがある。

◆ **en face de ...** …の向かいに，…の正面に

L'hôtel est *en face de* la gare.
ロテル　　　エタンファス　　　ドゥラガール

　　ホテルは駅の正面です。

副詞	♡ ♡ ♡

encore [ãkɔr アンコール]

もっと；まだ

Vous voulez *encore* du café ?
ヴヴレ　　　アンコール　　デュカフェ

もっとコーヒーはいかがですか？

◆ **pas encore** まだ

Rika n'est *pas encore* là.
リカ　ネパ　　アンコール　ラ

リカはまだ来ていない。

名詞	♡ ♡ ♡

enfant [ãfã アンファン]

子供

Ils ont trois *enfants*.
イルゾン　トロワザンファン

彼らには3人の子供がいます。

副詞

ensemble [ãsãbl アンサンブル]

いっしょに

Rika et Paul chantent *ensemble*.
リカ　エ　ポール　シャント　アンサンブル

リカとポールがいっしょに歌っています。

動詞

entendre [ãtãdr アンタンドル]

聞こえる ⇒ écouter 聞く

j'entends ジャンタン	nous entendons ヌザンタンドン
tu entends テュアンタン	vous entendez ヴザンタンデ
il entend イランタン	ils entendent イルザンタンド

Tu *entends* ce bruit ?
テュアンタン　　　スブリュイ

あの音が聞こえるかい？

前置詞

entre [ãtr アントル] ...

(ふたつのものの) **あいだに [で]**

Rika est assise *entre* Paul et Hélène.
リカ　エタシーズ　　アントルポール　エ　エレーヌ

リカはポールとエレーヌのあいだにすわっています。

動詞

entrer [ãtre アントレ]

入る ⇔ sortir 出る

Il *entre* dans la salle.
イラントル　　　ダンラサル

彼は教室に入ります。

Ils *entrent* dans la salle.
イルザントル　　　ダンラサル

彼らは教室に入ります。

動詞

envoyer [ɑ̃vwaje アンヴォワイエ]
送る

Vous pouvez *envoyer* cette lettre au Japon ?
ヴプヴェ　　アンヴォワイエ　　セットレートル　　オジャポン
この手紙を日本に送っていただけますか？

人名 男

Eric [erik エリック]

疑問副詞 ♡ ♡ ♡

est-ce que [ɛskə エスク] **?**

…ですか？

Est-ce que Rika aime le fromage ?
　エスク　　　リカ　　エーム　　ルフロマージュ

リカはチーズが好きですか？

ワンポイントアドバイス

「はい」「いいえ」で答える疑問文を作るときは，三つの方法があります。（訳はどれも「あなたは日本人ですか？」）

- イントネーション：Vous êtes japonais ? ↗
　　　　　　　　　　　ヴゼット　　ジャポネ

- **Est-ce que**：　　Est-ce que vous êtes
　　　　　　　　　　エスク　　　　ヴゼット
　　　　　　　　　japonais ?
　　　　　　　　　ジャポネ

- 倒置：　　　　　Êtes-vous japonais ?
　　　　　　　　　エットヴ　　ジャポネ

Quand ***est-ce qu***'il va au Japon ?
カンテスキルヴァ　　　　　　オジャポン

彼はいつ日本に行くのですか？

♥ 「いつ」「どこ」などをたずねるときには，Quand, Où などのうしろに est-ce que をつけると簡単よね。

接続詞 ♡ ♡ ♡

et [e エ]

と，そして ⇔ mais しかし

Paul *et* Rika sont au café.
ポール　エ　リカ　　　ソントカフェ

　　ポールとリカはカフェにいます。

名詞 男 ♡ ♡ ♡

été [ete エテ]

夏 ⇒ 季節 p. 278

Nous allons à la mer en *été*.
ヌザロン　　アラメール　アンネテ

　　夏，わたしたちは海に行きます。

動詞 ♡ ♡ ♡

êtes [エット] ⇒ être

動詞

être [εtr エートル]

① … です ② … にいる，… にある

je suis ジュスュイ		nous sommes ヌソム	
tu es テュエ		vous êtes ヴゼット	
il est イレ		ils sont イルソン	
elle est エレ		elles sont エルソン	

① ［属詞とともに］… です。

Vous *êtes* français ?
　ヴゼット　　　フランセ

　　あなたがたはフランス人ですか？

— Oui, nous *sommes* français.
　　ウイ　　ヌソム　　　　　フランセ

　　— はい，わたしたちはフランス人です。

Paul, tu *es* étudiant ? 　ポール，あなたは学生なの？
ポール　テュエ　エテュディアン

— Non, je ne *suis* pas étudiant.
　　ノン　ジュヌスュイパ　　　エテュディアン

　　— いや，ぼくは学生じゃないよ。

Il *est* médecin. 　　　　**Ils *sont* médecins.**
イレ　メドゥサン　　　　　　イルソン　メドゥサン

　　彼は医者です。　　　　　　彼らは医者です。

② ［場所の補語とともに］… にいる，… にある

Où est-ce qu'elle *est*, Rika ?
_{ウエスケレ　　　　　　　　　リカ}

　　リカはどこにいる？

— Elle *est* au café.
_{エレトカフェ}

　　— 彼女はカフェにいます。

Ton sac *est* sur la table.
_{トンサック　エ　　シュールラターブル}

　　きみのバッグはテーブルの上にあるよ。

◆ **être là**　そこにいる，家にいる

Paul *est là* ?　　ポールはいますか？
_{ポール　エ　ラ}

— Non, il n'*est* pas *là*. Mais il va rentrer.
_{ノン　　イルネパ　　ラ　　メ　イルヴァ　ラントレ}

　　— いいえ，いません。でも，もう帰ってきますよ。

◆ **être à** + 人　　… のものです

Ce livre *est à* Paul.　　この本はポールのです。
_{スリーブル　エタ　　ポール}

Il *est à* moi.　　　　　　Il *est à* toi.
_{イレタモワ}　　　　　　　　　　_{イレタトワ}

　これはわたしのよ！　　　　これはあなたのです。

名詞	♡ ♡ ♡

étudiant [etydjã エテュディアン]（男）
étudiante [etydjãt エテュディアント］（女）

学生

Rika est *étudiante*.
リカ　エ　エテュディアント
リカは学生です。

C'est un *étudiant*.　C'est une *étudiante*.
セタンネテュディアン　　セテュネテュディアント
男子学生です。　　　　女子学生です。

間投詞	♡ ♡ ♡

euh [ø ウー]

えーっと

人称代名詞【強勢形】	♡ ♡ ♡

eux [ø ウ]

彼ら ⇒ 人称代名詞 p. 266

Rika, tu pars en vacances avec Paul et Hélène ?
リカ テュパール アンヴァカンス アヴェックポール エ エレーヌ

リカ，君はポールとエレーヌといっしょにバカンスに行くの？

— Oui, je pars avec *eux*.
ウイ ジュパール アヴェックウ

— ええ，わたしは彼らといっしょに行くわ。

名詞 男	♡ ♡ ♡

examen [εgzamε̃ エグザマン]

試験

Lundi, j'ai un *examen*.
ランディ ジェ アンネグザマン

わたしは月曜日に試験があります。

表現	♡ ♡ ♡

Excusez-moi !
[εkskyzemwa エクスキュゼモワ]

ごめんなさい。

F

face ⇒ en face

形容詞　　　　　　　　♡ ♡ ♡

facile [fasil ファシル]

かんたんな ⇔ difficile むずかしい

Cette question est *facile*.
セットケスティオン　エ　ファシル
　この問題はかんたんだ。

名詞 男　　　　　　　　♡ ♡ ♡

faim [fɛ̃ ファン]

空腹

◆ **avoir faim**　お腹がすいている

Rika, tu *as faim* ?
リカ　テュア　ファン
　リカ，お腹がすいてる？

— Oui, j'*ai* très *faim*.
ウイ　ジェ　トレファン
　— うん，とってもすいてるよ。

動詞	♡ ♡ ♡

faire [fɛr フェール]

① …する；つくる　② ［非人称動詞：天候表現］

je fais ジュフェ	nous faisons ヌフゾン
tu fais テュフェ	vous faites ヴフェット
il fait イルフェ	ils font イルフォン
elle fait エルフェ	elles font エルフォン

① … する；つくる

Qu'est-ce que vous *faites* demain ?
ケスク　　　　　　ヴフェット　　　　ドゥマン

あなたがたはあした何をするのですか？

On va *faire* des courses ?
オンヴァ　フェール　　デクルス

買い物に行かない？

② ［非人称動詞として］

Il *fait* chaud.　暑い。　⇔　**Il *fait* froid.**　寒い。
イルフェ　ショ　　　　　　　　　イルフェ　フロワ

Il *fait* beau.　　　　　⇔　**Il *fait* mauvais.**
イルフェ　ボ　　　　　　　　　　イルフェ　モヴェ

天気がいい。　　　　　　　　　天気が悪い。

動詞	♡ ♡ ♡

fais [フェ], faisons [フゾン]
fait [フェ], faites [フェット]
⇒ **faire**

非人称動詞	♡ ♡ ♡

falloir [falwar ファロワール]
① …が必要だ　② …しなければならない

① il faut + 名詞　…が必要だ

Il faut du temps.
　イルフォ　　デュタン
　　時間がいる。

② il faut + 不定詞　…しなければならない

Il faut acheter de l'eau.
　イルフォ　　アシュテ　　　ドゥロ
　　水を買わなければならない。

◆ **il ne faut pas** + 不定詞　…してはならない

Il ne faut pas jouer dans la rue.
　イルヌフォパ　　　　　ジュエ　　　　ダンラリュ

道で遊んではいけません。

ワンポイントアドバイス

非人称動詞

次のようになにも指していない il を主語にする動詞を非人称動詞といいます。

　　　il faut...　　（…が必要だ）

　　　il y a...　　　（…がある）

　　　il reste...　　（…が残っている）

とくに天候や時間表現

　　　il fait beau　　　　　（天気がいい）

　　　il pleut　　　　　　　（雨が降っている）

　　　il est deux heures　　（2時です）

形容詞

fatigué [fatige ファティゲ]
fatiguée [fatige ファティゲ]

疲れている

Tu es *fatiguée*, Rika ?
テュエ　ファティゲ　リカ

リカ，疲れているの？

— Non, je ne suis pas *fatiguée*.
ノン　ジュヌスュイパ　ファティゲ

— いいえ，疲れてないわよ。

動詞

faut [フォ] ⇒ falloir

名詞 [女]

femme [fam ファム]

妻；女性

Elle s'appelle comment, sa *femme* ?
エルサペル　コマン　サファム

彼の奥さんの名前はなんなの？

| 名詞 囡 | ♡ ♡ ♡ |

fenêtre [fənɛtr フネートル]

窓

Rika ouvre la *fenêtre*.
　リカ　ウーヴル　ラフネートル

リカは窓を開ける。

| 形容詞 | ♡ ♡ ♡ |

fermé [fɛrme フェルメ]
fermée [fɛrme フェルメ]

閉まっている ⇔ ouvert, ouverte 開いている

La fenêtre est *fermée*.　　窓は閉まっています。
ラフネートル　エ　フェルメ

| 動詞 | ♡ ♡ ♡ |

fermer [fɛrme フェルメ]

閉める ⇔ ouvrir 開ける

Tu peux *fermer* la porte ?　ドアを閉めてくれない？
テュ プ　　フェルメ　　ラポルト

115

名詞 男

février [fevrije フェヴリエ]

2月 ⇒ 月 p. 278

名詞 女

fille [fij フィーユ]

娘；女の子 ⇔ fils 息子, garçon 男の子

C'est ma *fille*.
セ マフィーユ
これはわたしの娘です。

C'est un garçon ou une *fille* ?
セタン ガルソン ウ ユヌフィーヌ
男の子ですか，女の子ですか？

名詞 男

fils [fis フィス]

息子 ⇔ fille 娘

Jean est le *fils* de Monsieur Poulet.
ジャン エ ルフィス ドゥムシュー プレ
ジャンはプーレさんの息子です。

形容詞

fini [fini フィニ] , finie [fini フィニ]

終わった

C'est *fini* ?
　セ　フィニ

　　終わった？

動詞

finir [finir フィニール]

終わる；終える ⇔ commencer 始まる；始める

je finis	nous finissons
ジュフィニ	ヌフィニソン
tu finis	vous finissez
テュフィニ	ヴフィニセ
il finit	ils finissent
イルフィニ	イルフィニス

Il *finit* son travail à cinq heures.
イルフィニ　　ソントラヴァーユ　　　アサンクール

彼は仕事を5時に終わる。

名詞 女 ♡ ♡ ♡

fleur [flœr フルール]

花

J'aime cette *fleur*.
ジューム　セットフルール

わたしはこの花が好きです。

名詞 女 ♡ ♡ ♡

fois [fwa フォワ]

回

Rika vient chez nous deux *fois*
リカ　ヴィアン　シェヌ　　ドゥフォワ

par semaine.
パールスメーヌ

リカは週に2回わたしたちの家に来ます。

動詞 ♡ ♡ ♡

font [フォン] ⇒ faire

副詞 ♡ ♡ ♡

fort [fɔr フォール]

強く；大声で

Ils parlent très *fort*.
イル パルル　トレ フォール

彼らはとても大声でしゃべっている。

> だって海外向けにメロ一な曲も必要だろ めざすは世界だ いい？

> こんな曲じゃ売れねーよポールちゃん！オレらはバササ・カフェのバンドだぞわかってんのか？ハード系でいく

名詞 男 ♡ ♡ ♡

franc [frɑ̃ フラン]

フラン（フランスの通貨単位）

C'est combien ?
セ　　　コンビアン

　　いくらですか？

— Seize *francs*, Mademoiselle.
　　セーズ フラン　　　マドゥモワゼル

　　— 16フランですよ，お嬢さん。

16FF

名詞 男	♡ ♡ ♡

français [frɑ̃sɛ フランセ]

フランス語

Rika apprend le *français* depuis un mois.
リカ　アプラン　ルフランセ　ドゥピュイアンモワ

リカは1カ月前からフランス語を勉強しています。

形容詞／名詞	♡ ♡ ♡

français [frɑ̃sɛ フランセ] (男)
française [frɑ̃sɛz フランセーズ] (女)

フランスの；フランス人（の）

C'est une étudiante *française*.
セテュネテュディアント　　　　フランセーズ

あの人はフランスの女子学生です。

Il est *française*.　　Elle est *française*.
イレ　フランセ　　　　エレ　　フランセーズ

彼はフランス人です。　　彼女はフランス人です。

国名 女	♡ ♡ ♡

France [frɑ̃s フランス]

フランス

Je vais en *France* cet hiver.
ジュヴェ　　アンフランス　　セッティヴェール

わたしはこの冬フランスに行きます。

ワンポイントアドバイス

国名に前置詞をつけて，「… に，…で」の意味にするとき，

女性名詞には en をつけます。
 en France　　　　　（フランスに［で］）

男性名詞には au をつけます。
 au Japon　　　　　（日本に［で］）

人名	♡ ♡ ♡

François [frɑ̃swa フランソワ]（男）
Françoise [frɑ̃swaz フランソワーズ]（女）

動詞	♡ ♡ ♡

frapper [frape フラペ]

たたく

On *frappe* à la porte.
オン フラップ　　　ア ラ ポルト
誰かがドアをノックしている。

TOC TOC

名詞 男	♡ ♡ ♡

frère [frɛr フレール]

兄弟 ⇔ sœur 姉妹

Mon *frère* a vingt ans.
モン フレール　ア　ヴァンタン
わたしの兄は20歳です。

形容詞	♡ ♡ ♡

froid [frwa フロワ]
froide [frwad フロワッド]

寒い；冷たい ⇔ chaud, chaude 暑い；熱い

C'est *froid* !　冷たいよ！
セ　　フロワ

◆ **avoir froid** （人が）寒がっている

J'ai froid.
ジェ　フロワ
寒いわ。

J'ai chaud.
ジェ　ショ
暑いわ。

◆ **il fait froid** （天候が）寒い

Il fait très *froid* aujourd'hui.
イルフェ　　トレフロワ　　オジュルデュイ
今日はとても寒いですね。

名詞 男　　　　　　　　　　♡ ♡ ♡

fromage [frɔmaʒ フロマージュ]

チーズ

Vous prenez du *fromage* ?
ヴプルネ　　デュフロマージュ
チーズをめしあがりますか？

G

名詞 男

garçon [garsɔ̃ ガルソン]

男の子, 少年 ⇔ fille 女の子, 少女

Ce *garçon* a dix ans.
スガルソン　ア　ディザン
その男の子は 10 歳です。

名詞 女

gare [gar ガール]

(鉄道の) 駅

Notre maison est près de la *gare*.
ノトルメゾン　エ　プレドゥラガール
わたしたちの家は駅の近くです。

名詞 男

gauche [goʃ ゴーシュ]

左 ⇔ droite 右

◆ **à gauche** 左に

Tournez *à gauche*.
トゥルネ　アゴーシュ
左に曲がってください。

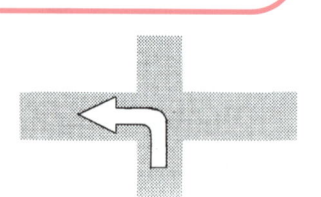

◆ **sur votre gauche**　あなたの左手に

Il y a une église *sur votre gauche*.
イリア　ユネグリーズ　シュールヴォトルゴーシュ

あなたの左手に教会があります。

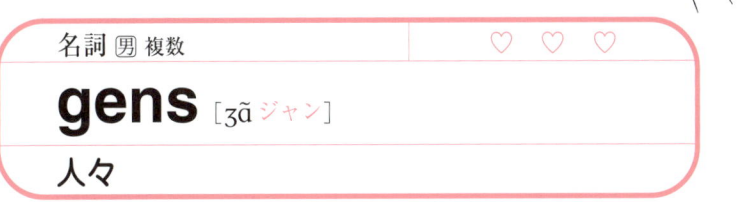

名詞 男 複数　　♡ ♡ ♡

gens [ʒɑ̃ ジャン]

人々

Il y a beaucoup de *gens* sur la place.
イリア　ボクー　ドゥジャン　シュールラプラス

広場にはたくさんの人がいます。

形容詞　　♡ ♡ ♡

gentil [ʒɑ̃ti ジャンティ]
gentille [ʒɑ̃tij ジャンティーユ]

親切な，やさしい

C'est *gentil*.　ご親切に。
セ　ジャンティ

人名 男　　♡ ♡ ♡

Gilles [ʒil ジル]

形容詞	♡ ♡ ♡

grand [grã グラン]
grande [grãd グランド]

大きい，広い；背が高い

⇔ petit, petite 小さい；小柄な

Leur maison est très *grande*.
ルールメゾン エ トレグランド

彼らの家はとても大きい。

Paul est plus *grand* que Jean.
ポール エ プリュグラン クジャン

ポールはジャンより背が高い。

形容詞	♡ ♡ ♡

gros [gro グロ]
grosse [gros グロス]

太っている

Paul est moins *gros* que Jean.
ポール エ モワングロ クジャン

ポールはジャンよりやせている。

| 動詞 | ♡ ♡ ♡ |

habiter [abite アビテ]

住む

Où est-ce que vous *habitez* ?
ウエスク　　　　　ヴザビテ

あなたはどこに住んでいるのですか？

— J'*habite* à Paris.
　ジャビット　　アパリ

— わたしはパリに住んでいます。

| 形容詞 | ♡ ♡ ♡ |

haut [o オ] , haute [ot オート]

（背丈などが）高い

C'est *haut* !
セ　　オ

高いなあ。

名詞 囡

heure [œr ウール]

時間, …時

Quelle *heure* est-il ?
ケールー　　エティル

何時ですか？

— Il est trois *heures* dix.
イレ　トロワズール　ディス

— 3時10分です。

Vous avez l'*heure* ?
ヴザヴェ　　ルール

時間わかりますか？

— Oui, une *heure* et demie.
ウイ　ユヌール　エ　ドゥミ

— はい，1時半です。

Le train part à quelle *heure* ?
ルトラン　パール　　アケルール

列車は何時に出ますか？

— Il part à dix *heures* et quart.
イルパール　アディズール　エ　カール

— 10時15分に出ます。

◆ **À tout à l'heure !** また後でね。
アトゥタルール

副詞

hier [jɛr イエール]

きのう ⇔ demain あした

名詞 男

hiver [ivɛr イヴェール]

冬 ⇒ 季節 p. 278

Nous sommes en *hiver*.
ヌ ソム　アンニヴェール
今は冬です。

J'aime beaucoup l'hiver.

名詞 男

homme [ɔm オム]

人間；男性

名詞 男

hôtel [ɔtɛl オテル]

ホテル

Je cherche un *hôtel*.
ジュシェルシュ　アンノテル
わたしはホテルを探しています。

数詞

huit [ɥit ユイット]

8 ⇒ 数詞 p. 270

11

| 副詞 | ♡ ♡ ♡ |

ici [isi イシ]

ここに ⇔ là そこに

Jean, viens *ici* !
ジャン ヴィアン イシ

ジャン，ここに来てよ。

Mon Dieu!

| 名詞 囡 | ♡ ♡ ♡ |

idée [ide イデ]

考え，アイデア

J'ai une *idée*.
ジェ ユニデ

いい考えがあるわ。

131

人称代名詞【主語】　　　♡　♡　♡

il [il イル]

彼は，それは ⇒ 人称代名詞 p. 266

Paul est français ?　ポールはフランス人ですか？
ポール　エ　フランセ

— Oui, *il* est français.
　ウイ　イレ　フランセ
　　— はい，彼はフランス人です。

Il est bon, ce vin !　おいしいね，このワイン！
イレ　ボン　スヴァン

ワンポイントアドバイス

il は「彼は」か「それは」か？

フランス語の il は人と物のちがいを区別しませんので，指すものによって「彼は」となるときと「それは」となるときがあります。

人称代名詞【主語】　　　♡　♡　♡

ils [il イル]

彼らは、それらは ⇒ 人称代名詞 p. 266

Où est-ce qu'*ils* habitent ?
ウ エスキル ザビット

　　彼らはどこに住んでいますか？

ワンポイントアドバイス

聞きとり問題での il と ils の区別

il chante（イルシャント）と ils chantent（イルシャント）のように，il と ils は音では区別できないことが多いです。しかし，il habite（イラビット），ils habitent（イルザビット）のように、うしろに母音または h ではじまる動詞がくるときは，ils がリエゾンするので区別できます。

ワンポイントアドバイス

ils と elles の使い分け

elles は全員が女性のときだけで，一人でも男性が入っていると ils になります。

mes amis メザミ	mes amis メザミ	mes amies メザミ
ils	ils	elles

表現 ♡ ♡ ♡

il y a [ilja イリア] …

… がある

Il y a un bon restaurant.
イリア　　　　　アンボンレストラン

おいしいレストランがあります。

ワンポイントアドバイス

il y a の否定形

il n'y a pas de… (…がない)

形容詞 ♡ ♡ ♡

important [ɛ̃pɔrtɑ̃ アンポルタン]
importante [ɛ̃pɔrtɑ̃t アンポルタント]

重要な

Ce travail est très ***important***.
　　ストラヴァーユ　エ　　　トレザンポルタン

この仕事はとても重要です。

失敗したらクビ！

| 形容詞 | ♡ ♡ ♡ |

intéressant [ɛ̃teresɑ̃ アンテレサン]
intéressante [ɛ̃teresɑ̃t アンテレサント]

興味をもたせる，おもしろい

C'est un livre *intéressant*.
セタンリーヴル　アンテレサン
これはおもしろい本だ。

| 人名 囡 | ♡ ♡ ♡ |

Isabelle [izabɛl イザベル]

J

人名 男

Jacques ［ʒak ジャック］

名詞 女

jambe ［ʒɑ̃b ジャンブ］

脚

J'ai mal aux *jambes*.
ジェ　マル　オジャンブ
わたしは脚が痛い。

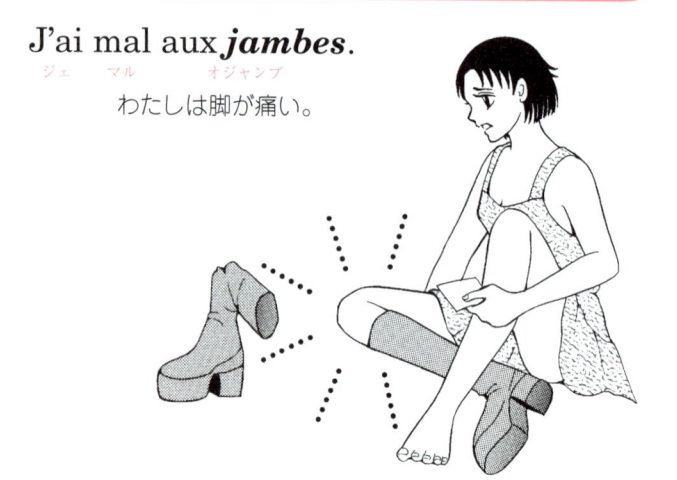

名詞 男

janvier ［ʒɑ̃vje ジャンヴィエ］

1月 ⇒ 月 p. 278

国名 男	♡ ♡ ♡

Japon [ʒapɔ̃ ジャポン]

日本

Jean veut aller au *Japon*.
ジャン ヴ アレ オジャポン

ジャンは日本に行きたいと思っています。

名詞 男	♡ ♡ ♡

japonais [ʒapɔnɛ ジャポネ]

日本語

Jean apprend le *japonais*.
ジャン アプラン ル ジャポネ

ジャンは日本語を勉強しています。

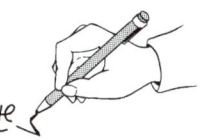

形容詞／名詞	♡ ♡ ♡

japonais [ʒapɔnɛ ジャポネ]
japonaise [ʒapɔnɛz ジャポネーズ]

日本の；日本人（の）

Mademoiselle Sato, êtes-vous *japonaise* ?
マドゥモワゼル サトー エットヴ ジャポネーズ

サトウさん，あなたは日本人ですか？

| 名詞 男 | ♡ ♡ ♡ |

jardin [ʒardɛ̃ ジャルダン]

庭

Rika dort dans le *jardin*.
リカ　ドール　　　　ダンルジャルダン

　　リカは庭で寝ています。

| 人称代名詞【主語】 | ♡ ♡ ♡ |

je [ʒə ジュ]

わたしは ⇒ 人称代名詞 p.266

***Je* suis étudiant.**
ジュスュイ　エテュディアン

　　ぼくは学生です。

***J'*habite à Paris.**
ジャビット　　アパリ

実はソルボンヌ大学➡

　　わたしはパリに住んでいます。

Demain, *je* vais à Lyon.
ドゥマン　　ジュヴェ　アリヨン

　　あす，わたしはリヨンに行きます。

♥ je はつぎに母音または h ではじまる動詞がくると j' になるんだ。（エリジオン）
英語の I とちがって、je は文頭以外では大文字にならないよ。

人名	♡ ♡ ♡

Jean [ʒɑ̃ ジャン]（男）
Jeanne [ʒan ジャンヌ]（女）

名詞 男	♡ ♡ ♡

jeudi [ʒødi ジュディ]

木曜日 ⇒ 曜日 p. 279

形容詞	♡ ♡ ♡

jeune [ʒœn ジューヌ]

若い ⇔ vieux, vieil, vieille 年とった

Il est *jeune*.
イレ　ジューヌ
彼は若い。

Il est vieux.
イレ　ヴィユ
彼は老人だ。

表現	♡ ♡ ♡

Je vous en prie.

[ʒəvuzɑ̃pri ジュヴザンプリ]

どういたしまして。

Merci beaucoup. どうもありがとうございます。
メルシ　　ボクー

— *Je vous en prie.* — どういたしまして。
　　ジュヴザンプリ

形容詞	♡ ♡ ♡

joli [ʒɔli ジョリ], jolie [ʒɔli ジョリ]

かわいい，きれいな

Vous avez un *joli* jardin !
ヴザヴェ　　　アンジョリ ジャルダン

　　きれいなお庭をお持ちですね。

動詞	♡ ♡ ♡

jouer [ʒwe ジュエ]

遊ぶ

Les enfants *jouent* dans le jardin.
レザンファン　　ジュ　　　ダンルジャルダン

　　子供たちが庭で遊んでいます。

名詞 男

jour [ʒur ジュール]

日, １日

Quel *jour* sommes-nous aujourd'hui ?
ケルジュール　　　ソムヌ　　　　オジュルデュイ
今日は何曜日ですか？

— Nous sommes jeudi.
　　ヌソム　　　ジュディ
― 木曜日です。

Je vais partir dans trois *jours*.
ジュヴェ　パルティール　ダントロワジュール
わたしは３日後に出発するつもりです。

名詞 男

journal [ʒurnal ジュルナル]

新聞

Mon père lit le *journal*.
モンペール　リ　ルジュルナル
わたしの父は新聞を読んでいます。

♥ 複数形は journaux
ジュルノー

名詞 囡

journée [ʒurne ジュルネ]
1日，昼間

Bonne *journée* !
ボンヌジュルネ
よい1日を！

名詞 男

juillet [ʒɥijɛ ジュイエ]
7月 ⇒ 月 p. 278

名詞 男

juin [ʒɥɛ̃ ジュアン]
6月 ⇒ 月 p. 278

人名 囡

Julie [ʒyli ジュリー]

前置詞

jusqu'à [ʒyska ジュスカ] ...

… まで ⇔ depuis …から

Paul travaille *jusqu'à* sept heures.
ポール トラヴァーユ ジュスカセットゥール

ポールは7時まで働きます。

Il marche *jusqu'à* la gare.
イルマルシュ ジュスカラガール

彼は駅まで歩きます。

副詞

juste [ʒyst ジュスト]

ちょうど

Il est deux heures *juste*.
イレ ドゥズール ジュスト

ちょうど2時です。

Il y a une poste près d'ici ?
イリア ユヌポスト プレディシ

この近くに郵便局はありますか？

— Oui, *juste* en face.
ウイ ジュスト アンファス

— ええ，真向かいです。

K

13

| 名詞 男 | ♡ ♡ ♡ |

kilomètre [kilɔmɛtr キロメートル]
キロメートル

Il y a dix ***kilomètres*** d'ici à Paris.
イリア　　ディキロメートル　　ディシ　　アパリ

ここからパリまで 10 キロです。

❤ kilo は kilogramme の省略でよくつかわれます。
　 kilomètre は省略して kilo とすることはできません。

| 定冠詞 + 母音またはhではじまる単数形名詞 | ♡ ♡ ♡ |

l' [lル] ... ⇒ le

ワンポイントアドバイス

エリジオン

- 定冠詞のleとlaはうしろに母音またはhではじまる語がくるとき，l'となります。これをエリジオンといいます。
- エリジオンする単語
- ce（指示代名詞）: c'est
- je（人称代名詞）: j'ai
- de（前置詞）: beaucoup d'argent
- me, te, se（人称代名詞）: je m'appelle...
- le, la（定冠詞…）: l'ami, l'amie
- ne（否定の副詞）: je n'aime pas
- que（疑問代名詞・接続詞…）: Qu'est-ce qu'il fait ?

| 定冠詞 + 単数形女性名詞 | ♡ ♡ ♡ |

la [laラ] ... ⇒ le

Vous restez à *la* maison demain ?
ヴレステ　アラメゾン　ドゥマン

あすは家にいらっしゃるんですか？

副詞

là [la ラ]

そこ, あそこ ⇔ ici ここ

Où est Paul ? ポールはどこ？
ウ エ ポール

— *Là*, devant le café.
ラ　　ドゥヴァンルカフェ

　— あそこさ, カフェの前だよ。

定冠詞 + 単数形男性名詞

le [lə ル] …

あの …, 例の … ⇒ 名詞マーク p. 268

	男　性	女　性
単数形	**le (l')**	**la (l')**
複数形	**les**	

Le père de Paul aime *les* voyages.
ルペール　ドゥポール　エーム　レヴォワイアージュ

　ポールのお父さんは旅行が好きです。

Je prends *l'*avion à dix heures.
ジュプラン　ラヴィオン　アディズール

　わたしは10時の飛行機に乗ります。

♥ 定冠詞って,「あの …」とか
「例の …」と思えばいいのね。

ワンポイントアドバイス

定冠詞と名詞の性数の区別

- le のうしろには単数形の男性名詞がきます。
    le musée（美術館）
    ルミュゼ
- la のうしろには単数形の女性名詞がきます。
    la gare（駅）
    ラガール
- ただし，うしろに母音か h がくれば，le も la も l' となって，冠詞のかたちからは，単数形ということは分かっても，男性名詞／女性名詞の区別はできなくなります。
    l'hôtel（ホテル＝男性名詞）
    ロテル
    l'école（学校＝女性名詞）
    レコール
- les のうしろには複数形名詞がきます。男性名詞／女性名詞の区別はありません。
    les hôtels, les écoles
    レゾテル　　　レゼコール

冠詞で名詞の性別や単数／複数のちがいがだいたいわかるんだよ。

名詞 囡

leçon [ləsɔ̃ ルソン]

レッスン

Aujourd'hui, Rika a une *leçon* de français.
オジュルデュイ　　　リカ　ア　ユヌルソン　　ドゥフランセ

今日，リカはフランス語のレッスンがあります。

形容詞

léger [leʒe レジェ]
légère [leʒɛr レジェール]

軽い ⇔ lourd, lourde 重い

Ce sac est très *léger*.
スサック　エ　トレレジェ

そのバッグはとても軽い。

| 定冠詞 + 複数形名詞 | ♡ ♡ ♡ |

les [le レ] ... ⇒ le

ワンポイントアドバイス

- les の最後の s は普通読みません。

    les parents（レパラン：両親）

- しかし，うしろに母音か h がくればリエゾンして読むようになります。

    les enfants（レザンファン：子供たち）

| 名詞 囡 | ♡ ♡ ♡ |

lettre [lɛtr レートル]

手紙

Rika écrit une *lettre* à ses parents.
リカ　エクリ　ユヌレートル　　アセパラン

リカは両親に手紙を書いています。

所有形容詞 + 単数形名詞　♡　♡　♡

leur [lœr ルール] …

彼らの，彼女らの ⇒ 名詞マーク p. 269

***Leur* sœur travaille à Lyon.**
ルールスール　トラヴァーユ　アリヨン

彼らのお姉さんはリヨンで働いています。

ワンポイントアドバイス

- leur は「彼らの」か「彼女らの」かの区別をしていませんから，前後の関係で区別しましょう。
- また，うしろにくる名詞が男性名詞でも女性名詞でも leur です。

　　　leur jardin （彼［彼女］らの庭＝男性名詞），
　　　ルールジャルダン

　　　leur maison （彼［彼女］らの家＝女性名詞）
　　　ルールメゾン

所有形容詞 + 複数形名詞

leurs [lœr ルール] ...

彼らの，彼女らの ⇒ 名詞マーク p. 269

ワンポイントアドバイス

leur と leurs の区別

- leurs のうしろには複数形の名詞がきます。しかし，leurs の語末の s は発音されないので，leur frère（彼らの兄弟），leurs frères（彼らの兄弟たち）は，音を聞いただけでは単数形か複数形か区別できません。
  ルール フレール
  ルールフレール

- ただ，leur ami（彼らの友だち），leurs amis（彼らの友だちたち）のように，うしろに母音か h がきたときには，leurs がリエゾンするので区別できます。
  ルーラミ
  ルールザミ

まあ慣れれば
どーってコト
ないけどね。

超イライラする
leur　　　leurs

形容詞

libre [libr リーブル]

ひまな

Rika, tu es *libre* cet après-midi ?
リカ、今日の午後はひま？

動詞

lire [lir リール]

読む ⇔ écrire 書く

je lis (ジュリ)	nous lisons (ヌリゾン)
tu lis (テュリ)	vous lisez (ヴリゼ)
il lit (イルリ)	ils lisent (イルリーズ)

Rika *lit* la lettre de ses parents.
リカは両親からの手紙を読んでいます。

名詞 男	♡ ♡ ♡

lit [li リ]

ベッド

Vous avez une chambre à un *lit* ?
ヴザヴェ　ユヌシャンブル　アアンリ
シングルの部屋ありますか？（ホテルで）

名詞 男	♡ ♡ ♡

livre [livr リーヴル]

本

Quel *livre* voulez-vous lire ?
ケルリーヴル　ヴレヴ　リール
あなたはどんな本が読みたいですか？

副詞	♡ ♡ ♡

loin [lwɛ̃ ロワン]

遠くに ⇔ près 近くに

C'est *loin* ?　　遠いのですか？
セ　ロワン

— Non, ce n'est pas *loin*. Cinq minutes à pied.
　ノン　スネパ　ロワン　サンミニュット　アピエ
　— いいえ，遠くありません。歩いて 5 分です。

次ページも要チェック 👉

153

◆ **loin de ...**　… から遠くに

Leur maison est *loin de* la gare.
ルールメゾン　　エ　ロワン　　ドゥラガール

彼らの家は駅から遠い。

形容詞

long [lɔ̃ ロン]
longue [lɔ̃g ロング]

長い ⇔ court, courte 短い

Hélène a les cheveux *longs*.
エレーヌ　ア　レシュヴー　　ロン

エレーヌの髪は長い。

形容詞

lourd [lur ルール]
lourde [lurd ルルド]

重い ⇔ léger, légère 軽い

Cette valise est très *lourde*.
セットヴァリーズ　エ　　トレルルド

そのスーツケースはとても重い。

| 固有名詞 男 | ♡ ♡ ♡ |

Louvre ［luvr ルーヴル］

ルーヴル美術館 (le musée du Louvre)

Mercredi, nous allons visiter le *Louvre*.
メルクルディ　　　ヌザロン　　　ヴィジテ　　ル ルーヴル

水曜日に，わたしたちはルーヴルを見にゆくつもりです。

| 人称代名詞【強勢形】 | ♡ ♡ ♡ |

lui ［lɥi リュイ］

彼 ⇒ 人称代名詞 p. 266

Tu travailles avec Paul ?
テュトラヴァーユ　アヴェックポール

　　君はポールといっしょに仕事をしているの？

— Oui, je travaille avec *lui*.
　ウイ　ジュトラヴァーユ　アヴェックリュイ

　　―はい，彼といっしょに仕事をしています。

名詞 男 ♡ ♡ ♡

lundi [lœ̃di ランディ]

月曜日 ⇒ 曜日 p.279

地名 ♡ ♡ ♡

Lyon [ljɔ̃ リヨン]

リヨン（フランス第3の都市）

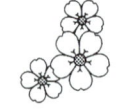

Paris

Lyon

❤ ポールのプチメモ ❤

ローヌ川沿いのリヨンは，ヨーロッパではめずらしい絹織物工業が古くから発達していたんだ。でも，20世紀に入ると化学・機械工業が主流になるけどね。
そんなリヨンは工業都市のイメージが強いけど，実は羊毛やワインの取り引きも盛んな土地なんだよ。
パリからTGV（Train à Grande Vitesse フランス新幹線）で約2時間，512 kmの旅だから，ワインを飲みに行ってみるといいよ！

略語	♡ ♡ ♡

M. [ムシュー] ⇒ Monsieur

所有形容詞 + 単数形女性名詞	♡ ♡ ♡

ma [ma マ] …

わたしの ⇒ mon

C'est *ma* mère.
セ マ メール

わたしの母です。

♥ ma のうしろには単数形の女性名詞がきます。

名詞 女	♡ ♡ ♡

Madame [madam マダム]

…夫人, …さん [結婚している女性の敬称, 略：Mme]

① … 夫人, … さん

Madame Marceau aime le thé.
マダム　　マルソー　　エーム　ル テ

マルソー夫人は紅茶が好きです。

② [呼びかけて] 奥さん

Bonjour, *Madame*.
ボンジュール　マダム

こんにちは, 奥さん。

名詞 囡

Mademoiselle [madmwazɛl / マドゥモワゼル]

… 嬢, … さん［未婚の女性の敬称, 略：Mlle］

① … 嬢, … さん

***Mademoiselle** Marceau est très jolie.*
マドゥモワゼル　　マルソー　　エ　トレジョリ

マルソーさんはとてもかわいい。

② [呼びかけて] **お嬢さん**

Bonsoir, ***Mademoiselle***.
ボンソワール　　マドゥモワゼル

こんばんは，お嬢さん。

名詞 男

mai [mɛ メ]

5月 ⇒ 月 p. 278

❤ ポールのプチメモ ❤

フランスにも四季があるけど，年間を通して湿度が低いため過しやすい気候だと思うよ。5月は春だけど，長そでのシャツにセーターやジャケットが必要な寒い日があるんだ。昼と夜の気温差も大きいので，TOKYOみたいに春っぽい流行ファッションや半そでだけで過すのはムリ。だからファッションにはみんな頭とエスプリを使ってるってワケ！

名詞 女

main [mɛ̃ マン]

手

Rika a des fleurs à la *main*.
リカ ア デフルール アラマン

リカは手に花をもっています。

副詞	♡ ♡ ♡

maintenant [mɛ̃tənɑ̃ マントゥナン]

今

Où est-ce que vous habitez *maintenant* ?
ウエスク　　　　　ヴザビテ　　　　マントゥナン

今どこにお住まいですか？

接続詞	♡ ♡ ♡

mais [mɛ メ]

しかし，でも ⇔ et そして

Cette robe est très jolie, *mais* très chère.
セットローブ　エ　トレジョリ　　　メ　　トレシェール

このワンピースはとてもきれいだけれど，とっても高い。

名詞 囡	♡ ♡ ♡

maison [mɛzɔ̃ メゾン]

家

Demain, je reste à la *maison*.
ドゥマン　ジュレスト　アラメゾン

あした，わたしはずっと家にいます。

| 副詞／名詞 男 | ♡ ♡ ♡ |

mal [mal マル]

下手に ⇔ bien 上手に／痛み

Jean chante *mal*.
ジャン シャント マル
　　ジャンは歌がへたです。

◆ **avoir mal à ...** …が痛い

Paul *a mal à* la tête.
ポール ア マル アラテット
　　ポールは頭が痛い。

| 形容詞 | ♡ ♡ ♡ |

malade [malad マラッド]

病気の

Il est *malade*.
イレ マラッド
　　彼は病気です。

J'ai mal à la tête.

名詞 囡

maman [mamã ママン]

ママ，お母さん ⇔ papa パパ，お父さん

Maman, j'ai faim.
　ママン　　ジェ　ファン
　　お母さん，お腹がすいたよ。

Maman

動詞

manger [mɑ̃ʒe マンジェ]

食べる

Qu'est-ce que tu veux *manger* ?
ケスク　　　　テュヴ　　マンジェ
　　なにが食べたいの？

動詞

marcher [marʃe マルシェ]

歩く

Paul *marche* vite.
ポール　マルシュ　ヴィット

ポールは歩くのが速い。

Il faut rentrer tout de suite.

名詞 男

mardi [mardi マルディ]

火曜日 ⇒ 曜日 p.279

人名 女

Marie [mari マリー]

名詞 男

mars [mars マルス]

3月 ⇒ 月 p.278

地名

Marseille [marsɛj マルセイユ]

マルセイユ（地中海沿岸のフランス第2の都市）

❤ ポールのプチメモ ❤

歴史は古く，BC 600年頃にギリシアの植民地として建設された町なんだ。名物のブイヤベースや魚介類はぜったいオススメ！
観光としてはノートルダム・ド・ラ・ギャルド寺院や，小説『モンテ・クリスト伯』の舞台として有名なイフ島が必見！

名詞 男

matin [matɛ̃ マタン]

朝 ⇒ 1日 p.279

Demain *matin*, tu pars à quelle heure ?
　ドゥマンマタン　　　テュパール　　アケルール

あしたの朝，きみは何時に家を出るの？

形容詞	♡ ♡ ♡

mauvais [mɔvɛ モヴェ]
mauvaise [mɔvɛz モヴェーズ]

悪い；まずい ⇔ bon, bonne よい；おいしい

Ce vin n'est pas *mauvais*.
スヴァン　ネパ　　モヴェ

このワインはおいしい。

Il fait *mauvais*.
イルフェ　モヴェ

天気が悪い。

Il fait beau.
イルフェ　ボ

天気がいい。

名詞	♡ ♡ ♡

médecin [medəsɛ̃ メドゥサン]

医者

Le père de Paul est *médecin*.
ルペール　ドゥポール　エ　メドゥサン

ポールのお父さんは医者です。

名詞 女 ♡ ♡ ♡

mer [mɛr メール]

海 ⇔ montagne 山

Je vais à la **mer** pour les vacances.
ジュヴェ　アラメール　　　プールレヴァカンス
バカンスにわたしは海に行きます。

名詞 男 ♡ ♡ ♡

merci [mɛrsi メルシ]

ありがとう

C'est pour vous. これはあなたにです。
セ　プールヴ

— Ah ! **Merci** beaucoup.
アー　　メルシ　　ボクー
　— あら！
　どうもありがとうございます。

Voulez-vous encore du vin ?
ヴレヴ　　　アンコール　デュヴァン
　もう少しワインはいかがですか？

— Non, **merci**.
ノン　メルシ
　— いえ，けっこうです。

166

| 名詞 男 | ♡ ♡ ♡ |

mercredi [mɛrkrədi メルクルディ]

水曜日 ⇒ 曜日 p.279

| 名詞 女 | ♡ ♡ ♡ |

mère [mɛr メール]

母，お母さん ⇔ père 父，お父さん

La *mère* de Jean est très gentille.
ラメール　　ドゥジャン　エ　トレジャンティーユ

ジャンのお母さんはとても優しい。

| 所有形容詞 + 複数形名詞 | ♡ ♡ ♡ |

mes [me メ] ...

わたしの ⇒ mon

ワンポイントアドバイス

mes parents（わたしの両親），mes amis（わたしの
　　メパラン　　　　　　　　　　　　　メザミ
友だちたち）のように，mes のうしろには複数形の名詞
がきます。男性名詞と女性名詞の区別はしません。

動詞	♡ ♡ ♡

mettre [mɛtr メートル]
置く；（服などを）着る；記入する

je mets ジュメ	nous mettons ヌメトン
tu mets テュメ	vous mettez ヴメテ
il met イルメ	ils mettent イルメット

Paul, ***mets*** ce sac sur la table !
ポール メ スサック シュールラターブル
　　ポール，そのバックをテーブルに置いてよ。

Rika ***met*** sa robe rouge.
リカ メ サローブ ルージュ
　　リカは赤いワンピースを着ます。

Mettez votre nom ici.
メテ ヴォトルノン イシ
　　ここにあなたの名前を書いてください。

人名	♡ ♡ ♡

Michel [miʃɛl ミシェル] （男）
Michèle [miʃɛl ミシェル] （女）

名詞 男	♡ ♡ ♡

midi [midi ミディ]

正午, (昼の) 12 時

Nous allons au restaurant à *midi*.
ヌザロン　　　オレストラン　　　　アミディ

わたしたちは正午にレストランに行きます。

名詞 男	♡ ♡ ♡

minuit [minɥi ミニュイ]

真夜中, (夜の) 12 時

Il rentre chez lui à *minuit*.
イルラントル　シェリュイ　アミニュイ

彼は夜の 12 時に帰宅します。

名詞 女	♡ ♡ ♡

minute [minyt ミニュット]

分

J'arrive dans dix *minutes*.
ジャリーヴ　　　ダンディミニュット

わたしは10分後につきます。

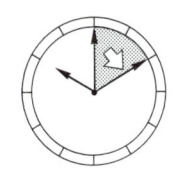

略語	♡ ♡ ♡

Mlle [マドゥモワゼル]
⇒ Mademoiselle

略語	♡ ♡ ♡

Mme [マダム] ⇒ Madame

人称代名詞【強勢形】	♡ ♡ ♡

moi [mwa モワ]
わたし ⇒ 人称代名詞 p. 266

Vous venez chez *moi* ?
ヴヌネ　　　シェモワ
　　わたしの家にいらっしゃいますか？

C'est *moi,* Rika.　わたしよ，リカよ。
セ　モワ　　リカ

Moi, je vais à Paris.
モワ　　ジュヴェ　　アパリ
　　わたしはパリにいくわ。

◆ 動詞の命令形 -moi　わたしに

Donnez-*moi* un café, s'il vous plaît.
ドネモワ　　　アンカフェ　　シルヴプレ
　　わたしに1杯のコーヒーをください。

副詞

moins [mwɛ̃ モワン]

① より少なく　②（時刻）… 分前

① **より少なく** ⇒ plus

Paul est *moins* gros que Jean.
ポール　エ　モワングロ　クジャン

ポールはジャンよりやせています。

② **（時刻）… 分前**

Il est huit heures *moins* dix.
イレ　ユイトゥール　モワンディス

8時10分前です。

名詞 男

mois [モワ]

月 ⇒ 月 p. 278

Il fait très froid au *mois* de janvier.
イルフェ　トレフロワ　オモワ　ドゥジャンヴィエ

1月はとても寒い。

名詞 男

moment [mɔmɑ̃ モマン]

瞬間

◆ **Un moment !**　　ちょっと待ってください。
アンモマン

| 所有形容詞 + 単数形名詞 | ♡ ♡ ♡ |

mon [mɔ̃ モン] …

わたしの ⇒ 名詞マーク p. 269

	男性名詞	女性名詞
単数形	mon	ma (mon)
複数形	mes	

Mon père est grand.
モンペール　エ　グラン
　　わたしの父は背が高い。

C'est ***mon*** école.
セ　　モンネコール
　　これはわたしの学校です。

ワンポイントアドバイス

- mon のあとには単数形男性名詞がくるのが原則です。
    - mon père　（わたしの父＝男性名詞）
- ただし，うしろに母音や h がくれば，単数形女性名詞のときもあります。
    - mon argent　（わたしのお金＝男性名詞）
    - mon école　（わたしの学校＝女性名詞）
- ma のあとには単数形女性名詞がきます。
    - ma mère　（わたしの母＝女性名詞）
- mes のあとには複数形名詞がきます。男性名詞／女性名詞の区別はしません。
    - mes parents　（わたしの両親＝男性名詞）
    - mes amies　（わたしの女友だちたち＝女性名詞）

人名 囡

Monique [mɔnik モニック]

名詞 男

Monsieur [məsjø ムシュー]

… 氏, … さん [男性に対する敬称, 略：M.]

① … 氏, … さん

Monsieur Marceau est professeur.
ムシュー　　　マルソー　　エ　　プロフェスール

　マルソー氏は先生です。

② [呼びかけて]

Bonjour, ***Monsieur***.
ボンジュール　　　ムシュー

Comment allez-vous ?
コマンタレヴ

　こんにちは。
　お元気ですか？

名詞 [女]

montagne [mɔ̃taɲ モンターニュ]

山 ⇔ mer 海

Cette année, je passe mes vacances
　　　セッタネ　　　　　　ジュパス　　　　　　メヴァカンス
à la *montagne*.
アラモンターニュ

今年，わたしは山で
バカンスをすごします。

動詞

monter [mɔ̃te モンテ]

登る；（乗り物に）乗る ⇔ descendre 降りる

Rika, *monte* dans le train !
リカ　　モント　　　ダンルトラン

リカ，列車に乗って！

Il *monte*.　　　　　　Il descend.
イルモント　　　　　　　イルデサン

　彼は上っています。　　　彼は降りています。

174

名詞 [女]

montre [mɔ̃tr モントル]

腕時計

Rika regarde sa *montre*.
リカ　ルガルド　サモントル

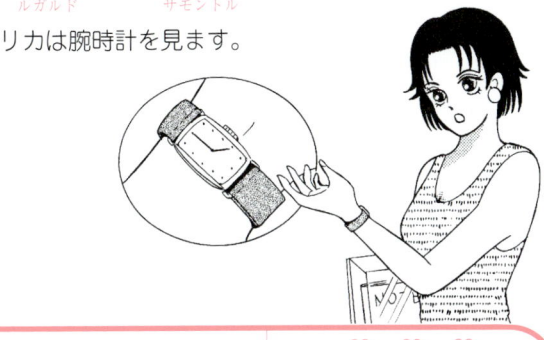

リカは腕時計を見ます。

名詞 [男]

mot [mo モ]

語，単語

Je ne comprends pas ce *mot*.
ジュヌコンプランパ　　　　スモ

わたしにはこの単語がわかりません。

名詞 男 ♡ ♡ ♡

musée [myze ミュゼ]

美術館，博物館

Nous allons au *musée* mercredi.
ヌザロン　　　　オミュゼ　　　メルクルディ

水曜日に，わたしたちは美術館に行きます。

名詞 女 ♡ ♡ ♡

musique [myzik ミュジック]

音楽

Mon frère aime la *musique.*
モンフレール　エーム　ラミュジック

わたしの兄［弟］は音楽が好きです。

人名 女	♡ ♡ ♡

Nathalie [natali ナタリー]

表現	♡ ♡ ♡

ne [nə ヌ] ... pas [pɑ パ]

…でない

Jean *ne* parle *pas* japonais.
ジャン ヌパルルパ ジャポネ

ジャンは日本語を話せません。

お兄ちゃんヴィトンどこかおしえてんか？あはははは

Paul *n'*a *pas* de voiture.
ポール ナパ ドゥヴォワテュール

ポールは車をもっていません。

neは次の語が母音やhではじまるときはエリジオンして、n'になります。

表現	♡ ♡ ♡

ne [nə ヌ] ... plus [ply プリュ]

もう … でない

Il **n'**y a ***plus*** de vin.
イルニアプリュ　　ドゥヴァン

もうワインがありません。

♥ Il y a の否定形
Il n'y a pas de… (…がない)
Il n'y a plus de… (もう…がない)

数詞	♡ ♡ ♡

neuf [nœf ヌフ]

9 ⇒ 数詞 p. 270

地名	♡ ♡ ♡

Nice [nis ニース]

ニース (地中海沿岸の観光都市)

人名 男	♡ ♡ ♡

Nicolas [nikɔla ニコラ]

| 人名 女 | ♡ ♡ ♡ |

Nicole [nikɔl ニコル]

| 形容詞 | ♡ ♡ ♡ |

noir [nwar ノワール]
noire [nwar ノワール]

黒い ⇔ blanc, blanche 白い ⇒ 色 p. 24

Elle est jolie, cette robe *noire*.
エレ ジョリ セットローブ ノワール
この黒いワンピースきれいね。

| 名詞 男 | ♡ ♡ ♡ |

nom [nɔ̃ ノン]

名前

Quel est votre *nom* ?
ケレ ヴォトルノン
どちら様ですか。

副詞

non [nɔ̃ ノン]

① **いいえ** ⇔ oui はい
② ［否定疑問で］**ええ** ⇔ si いいえ

① いいえ，いや

Vous avez chaud ?
　ヴザヴェ　　ショ
　　暑いですか？

— ***Non***, je n'ai pas chaud.
　　ノン　　ジュネパ　　ショ
　　— いいえ，暑くありません。

スイスの人

② ［否定疑問にたいする答え］**ええ**

Vous n'êtes pas français ?
　　ヴネットパ　　フランセ
　　あなたはフランス人ではないのですか？

— ***Non***, je ne suis pas français.
　　ノン　　ジュヌスュイパ　　フランセ
　　— ええ，フランス人ではありません。

Nice evening!

Non

You're cute.

I'm happy with you.

180

| 所有形容詞 + 複数形名詞 | ♡ ♡ ♡ |

nos [no ノ] …

わたしたちの ⇒ 名詞マーク p. 269

| 所有形容詞 + 単数形名詞 | ♡ ♡ ♡ |

notre [nɔtr ノトル] …

わたしたちの ⇒ 名詞マーク p. 269

notre

fils （息子） fille （娘）

nos

enfants （子供たち）

***Notre* fille va en France.**
ノトル フィーユ　ヴァ　アン フランス

わたしたちの娘はフランスに行きます。

♥ notre père （わたしたちの父） のように，
notre のうしろには単数形名詞，
nos parents （わたしたちの両親） のように，
nos のうしろには複数形名詞がくるんだよ。

人称代名詞【主語】／【強勢形】　♡　♡　♡

nous [nu ヌ]

わたしたち ⇒ 人称代名詞 p. 266

① 【主語】わたしたちは

Nous allons à la campagne, samedi.
　ヌザロン　　　アラカンパーニュ　　　サムディ

土曜日に，ぼくたちは田舎に行くんだ。

② 【強勢形】わたしたち

Tu viens avec ***nous*** ?
テュヴィアン　　アヴェックヌ

きみもぼくたちといっしょに来ないかい？

ワンポイントアドバイス

nous の活用語尾

- nous chantons のように nous の活用語尾は -ons になります。
- 例外は être の nous sommes だけです。

| 形容詞 | ♡ ♡ ♡ |

nouveau [nuvo ヌヴォ]
nouvel [nuvɛl ヌヴェル]
nouvelle [nuvɛl ヌヴェル]

新しい ⇔ vieux, vieil, vieille 古い

Voilà un *nouveau* professeur.
ヴォワラ アンヌヴォプロフェスール

あちらは新任の先生です。

Il y a un *nouvel* hôtel, là.
イリア アンヌヴェロテル ラ

nouvel は男性単数第2形
⇒ beau を参照

あそこに新しくできたホテルがあります。

Jean achète une *nouvelle* voiture.
ジャン アシェット ユヌヌヴェルヴォワテュール

ジャンは新車を買います。

名詞 男　♡ ♡ ♡

novembre [nɔvɑ̃br ノヴァンブル]

11月 ⇒ 月 p. 278

名詞 女　♡ ♡ ♡

nuit [nɥi ニュイ]

夜

Vous avez une chambre pour cette *nuit* ?
ヴザヴェ　　　ユヌシャンブル　　　プールセットニュイ

今晩部屋はありますか？
（ホテルで）

Bonne *nuit* !
ボンヌニュイ

おやすみなさい。

184

名詞 男

octobre [ɔktɔbr オクトーブル]

10月 ⇒ 月 p. 278

不定代名詞【主語】

on [ɔ̃ オン]

人は；誰かが；わたしたちは

En France, ***on*** boit beaucoup de vin.
アンフランス　オンボワ　ボクー　ドゥヴァン

　フランスでは，ワインをたくさん飲みます。

On frappe à la porte.
オンフラップ　アラポルト

　誰かがノックしている。

On va manger ?
オンヴァ　マンジェ

　食べに行こうか？

♥ on は nous の代わりによく使われるんだ。ただし，意味が複数でも，活用は3人称単数のかたちになるんだよ。

動詞

ont [オン] ⇒ avoir

数詞	♡ ♡ ♡

onze [ɔ̃z オーンズ]

11 ⇒ 数詞 p. 270

接続詞	♡ ♡ ♡

ou [u ウ]

または，あるいは

Vous voulez du café *ou* du thé ?
 ヴレヴ　　デュカフェ　ウ　　デュテ
　コーヒーがいいですか，
　それとも紅茶ですか？

疑問副詞	♡ ♡ ♡

où [u ウ] ?

どこに，どこで ⇒ 疑問詞 p. 274

Où vas-tu pour les vacances ?
 ウ　ヴァテュ　　プールレヴァカンス
　バカンスはどこに行くの？
— Je vais à Nice.
　ジュヴェ　アニース
　— わたしはニースに行くわよ。

Où est-ce que vous travaillez ?
ウエスク　　　　　　　ヴトラヴァイエ

あなたはどこで働いているのですか？

— Je travaille à Lyon.
ジュトラヴァーユ　アリヨン

— わたしはリヨンで働いています。

副詞	♡ ♡ ♡

oui [wi ウィ]

はい，ええ ⇔ non いいえ

Vous êtes japonais ?
ヴゼット　　ジャポネ

あなたは日本人ですか？

— ***Oui***, je suis japonais.
ウィ　　ジュスュイ　　ジャポネ

— はい，ぼくは日本人です。

形容詞	♡ ♡ ♡

ouvert [uvɛr ウヴェール]
ouverte [uvɛrt ウヴェルト]

開いている ⇔ fermé, fermée 閉まっている

La porte est ***ouverte***.
ラポルト　　　エトゥヴェルト

ドアが開いています。

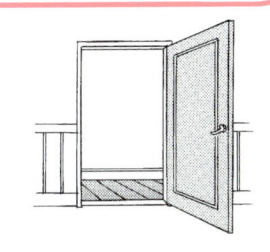

動詞

ouvrir [uvrir ウヴリール]

開ける ⇔ fermer 閉める

j'ouvre ジューヴル	nous ouvrons ヌズヴロン
tu ouvres テュウーヴル	vous ouvrez ヴズヴレ
il ouvre イルーヴル	ils ouvrent イルズーヴル

この動詞は不定詞の語尾が ir だけれど，er 動詞と同じ活用になるから気をつけてね。

Elle *ouvre* la fenêtre.
エルーヴル　　　ラフネートル
彼女は窓を開けます。

バーン

名詞 囲	♡ ♡ ♡

pain [pɛ̃ パン]

パン

Paul, va acheter du *pain*, s'il te plaît.
ポール ヴァ アシュテ デュパン シルトゥプレ

ポール，パンを買ってきてよ。

名詞 囲	♡ ♡ ♡

papa [papa パパ]

パパ，お父さん ⇔ maman ママ，お母さん

Papa, tu rentres à quelle heure, ce soir ?
パパ テュラントル アケール スソワール

パパ，今晩は何時に帰ってくるの？

前置詞

par [par パール] …

① … によって ② … につき

① … によって

Par avion, s'il vous plaît.
パーラヴィオン　　シルヴプレ

航空便でお願いします。

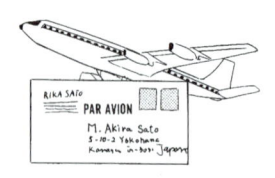

② … につき

Jean va au cinéma une fois **par** semaine.
ジャン　ヴァ　オシネマ　　ユヌフォワ　　パールスメーヌ

ジャンは週に１度映画を見にゆく。

接続詞

parce que [parskə パルスク] …

なぜならば ⇔ pourquoi なぜ

Pourquoi est-ce qu'il ne vient pas ?
プルクワ　　　エスキルヌヴィアンパ

なぜ彼は来ないの？

— **Parce qu**'il a son travail.
　　パルスキラ　　　ソントラヴァーユ

　 — 仕事があるからだよ。

190

間投詞

pardon [pardɔ̃ パルドン]

すみません，失礼

***Pardon*, Monsieur !**
パルドン　　ムシュー

　　すみません。

名詞 男 複数

parents [parɑ̃ パラン]

両親

Mes *parents* sont en voyage.
　メパラン　　　　ソンタンヴォワイアージュ

　　わたしの両親は旅行中です。

地名

Paris [pari パリ]

パリ（フランスの首都）

Rika, quand est-ce que tu vas à **Paris** ?
リカ　カンテスク　　　　　　テュヴァ　アパリ

リカ，いつパリに行くの？

動詞

parler [parle パルレ]

話す，しゃべる

je parle	nous parlons
ジュパルル	ヌパルロン
tu parles	vous parlez
テュパルル	ヴパルレ
il parle	ils parlent
イルパルル	イルパルル

Je **parle** français.
ジュパルル　フランセ

わたしはフランス語が話せます。

Rika **parle** beaucoup.
リカ　パルル　ボクー

リカはおしゃべりです。

Bonjour!
Il fait beau.
Je parle français.

動詞

partir [partir パルティール]
出発する

je	pars	nous	partons
	ジュパール		ヌパルトン
tu	pars	vous	partez
	テュパール		ヴパルテ
il	part	ils	partent
	イルパール		イルパルト

Quand ***partez***-vous pour le Japon ?
カン　　　　パルテヴ　　　　　プールルジャポン

あなたはいつ日本に出発するのですか？

— Je ***pars*** dans trois jours.
　　ジュパール　　　　ダントロワジュール

—3日後にたちます。

ils partent の [ト] に注意

Il ***part***.
イルパール

彼が出発する。

Ils ***partent***.
イルパルト

彼らが出発する。

pas [pɑ パ] ⇒ ne...pas

表現
pas de [pɑ də パ ドゥ] ...
… はない；… はいない

J'ai deux sœurs, mais je n'ai *pas de* frères.
ぼくには姉妹がふたりいるが，兄弟はいない。

名詞 男
passeport [pɑspɔr パスポール]
パスポート

Votre *passeport*, s'il vous plaît.
パスポートを見せてください。

| 動詞 | ♡ ♡ ♡ |

passer [pɑse パセ]

① 通る，立ち寄る　② すごす

① 通る，立ち寄る

Passez chez moi jeudi.
パセ　　シェモワ　ジュディ

　　木曜日にわたしの家に立ち寄ってください。

② すごす

Où est-ce que tu ***passes*** tes vacances ?
ウエスク　　　テュパス　　　テヴァカンス

　　きみはバカンスをどこですごすの？

| 人名 男 | ♡ ♡ ♡ |

Paul [pɔl ポール]

| 形容詞 | ♡ ♡ ♡ |

pauvre [povr ポーヴル]

貧しい ⇔ riche 豊かな

前置詞 ♡ ♡ ♡

pendant [pãdã バンダン] …

… のあいだに

Qu'est-ce que tu vas faire
ケスク　　　　　テュヴァ　フェール

pendant les vacances ?
バンダンレヴァカンス

ヴァカンスのあいだ，きみは何をするつもりなの？

pendant は期間についてなの。

2つのものの間には entre を使うのよ。

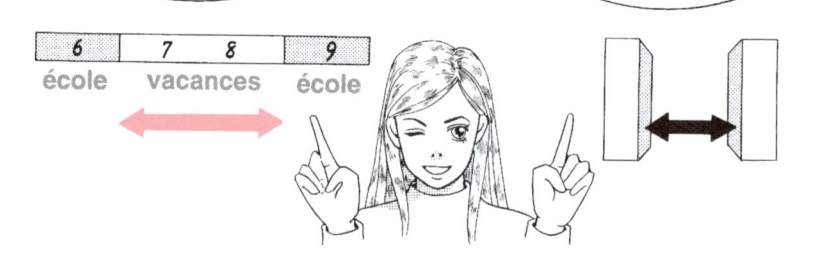

| 6 | 7 | 8 | 9 |
| école | vacances | école | |

動詞 ♡ ♡ ♡

penser [pãse パンセ]

考える，思う

Ce n'est pas cher, je ***pense***.
スネパ　　　シェール　　ジュパンス

それは高くないと思うよ。

59FF

196

名詞 男

père [pɛr ペール]

父, お父さん ⇔ mère 母, お母さん

C'est mon *père*. Il est professeur.
セ　　モンペール　　　イレ　　プロフェスール

わたしの父です。彼は先生です。

名詞 女

personne [pɛrsɔn ペルソンヌ]

人

Il y a cinq *personnes* dans la salle.
イリア　　サンクペルソンヌ　　　ダンラサル

部屋には5人の人がいます。

| 形容詞 | ♡ ♡ ♡ |

petit [pəti プティ]
petite [pətit プティット]

小さい；小柄な；幼い ⇔ grand, grande 大きい

Il y a un *petit* café à côté du cinéma.
イリア　アンプティカフェ　　　アコテデュシネマ

　　映画館のとなりに小さなカフェがあります。

Cette *petite* fille est la sœur de Jean.
セットプティットフィーユ　エ　ラスール　　ドゥジャン

　　あの女の子はジャンの妹です。

ワンポイントアドバイス

形容詞の位置

形容詞はふつう名詞のうしろにおかれますが，petit(小さい)，grand (大きい)，bon (よい)，mauvais(悪い)，joli(かわいい)，beau (美しい)，nouveau (新しい)，vieux(古い，年とった) などは名詞の前におかれます。

peu ⇒ un peu

名詞 女

peur [pœr プール]

恐怖

◆ avoir peur　こわい

J'ai peur !
ジェ　プール
　　こわいよ。

動詞

peut [プ]
peuvent [プーヴ]
peux [プ] ⇒ pouvoir

名詞 男

pied [pje ピエ]

足

J'ai mal aux *pieds*.
ジェ　マル　　オピエ
　　足が痛い。

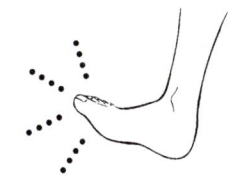

| 人名 男 | ♡ ♡ ♡ |

Pierre [pjɛr ピエール]

| 名詞 女 | ♡ ♡ ♡ |

place [plas プラス]
① 座席　② 広場

① 座席

Deux *places*, s'il vous plaît.
　ドゥプラス　　　シルヴプレ

２枚お願いします。

② 広場

Il y a une *place* sur votre droite.
イリア　　ユヌプラス　　シュールヴォトルドロワット

右手に広場があります。

plaisir → avec plaisir

| plaît ⇒ s'il vous plaît |

| 動詞 | ♡ ♡ ♡ |

pleurer [plœre プルレ]

泣く

Pourquoi *pleures*-tu ?
　プルクワ　　　　プルールテュ
なぜ泣いているの？

| 動詞 | ♡ ♡ ♡ |

pleut [プル] ⇒ **pleuvoir**

非人称動詞 ♡ ♡ ♡

pleuvoir [pløvwar プルヴォワール]
雨が降る

Quel temps fait-il ?
　ケルタン　フェティル
　　どんな天気ですか？
— Il *pleut*.
　イルプル
　　— 雨が降っています。

plus ⇒ **ne...plus**

副詞 ♡ ♡ ♡

plus [ply プリュ]
より多く

plus
aussi　　形容詞／副詞　　**que** 比較の対象
moins

Paul est *plus* grand *que* Rika.
ポール エ プリュグラン ク リカ

ポールはリカより背が高い。

Rika est *aussi* grande *qu'* Hélène.
リカ エトシグランド ケレーヌ

リカはエレーヌと同じぐらいの背の高さだ。

Hélène et Rika sont *moins* grandes *que* Paul.
エレーヌ エ リカ ソン モワングランド クポール

エレーヌとリカはポールよりも背が低い。

名詞 女 ♡ ♡ ♡

pomme [pɔm ポム]

リンゴ

Vous avez des *pommes* ?
ヴザヴェ デポム

リンゴありますか？

名詞 [女]

porte [pɔrt ポルト]

ドア

La *porte* est fermée.
ラ ポルト エ フェルメ
ドアが閉まっている。

形容詞

possible [pɔsibl ポシーブル]

可能な

Tu peux faire ça ? これできる？
テュ プ フェール サ
— Oui, c'est *possible*.
ウィ セ ポシーブル
— うん，できるよ。

名詞 [女]

poste [pɔst ポスト]

郵便局

Voulez-vous mettre cette lettre à la *poste* ?
ヴレヴ メートル セット レートル ア ラ ポスト
この手紙を郵便局に出してくれない？

前置詞

pour [pur プール] …

① … のために（の）
② … に向かって，… 行きの

① … ために（の）

C'est *pour* toi.
セ　　プールトワ

これは君へのプレゼントです。

Il faut vingt minutes *pour* aller à l'école.
イルフォ　ヴァンミニュット　プールアレ　アレコール

学校に行くには 20 分かかります。

C'est combien *pour* la nuit ?
セ　　コンビアン　　プールラニュイ

1 泊おいくらですか？（ホテルで）

② … に向かって，… 行きの

Demain, Rika part *pour* la France.
ドゥマン　リカ　パール　プールラフランス

あした，リカはフランスに出発します。

疑問副詞	♡ ♡ ♡

pourquoi [purkwa プルクワ] ?

なぜ，どうして ⇔ parce que なぜならば

Pourquoi Rika est-elle contente ?
　　プルクワ　　リカ　　エテル　　　コンタント

　　なぜリカはよろこんでいるの？

— Parce qu'elle sort avec Paul ce soir.
　　パルスケルソール　　アヴェックポール　ススワール

　　— 今晩ポールとデートするからだよ。

動詞	♡ ♡ ♡

pouvoir [puvwar プヴォワール] …

…できる

je peux	nous pouvons
ジュプ	ヌプヴォン
tu peux	vous pouvez
テュプ	ヴプヴェ
il peut	ils peuvent
イルプ	イルプーヴ

Je ne *peux* pas sortir, parce que j'ai beaucoup de travail.

わたしは外出できません，たくさん仕事があるからです．

Pouvez-vous ouvrir la fenêtre ?

窓を開けてもらえませんか？

Je *peux* entrer ?

入ってもいいですか？

形容詞　♡　♡　♡

premier [prəmje プルミエ]
première [prəmjɛr プルミエール]

1番目の，最初の ⇔ dernier, dernière 最後の

Prenez la *première* rue à droite.

最初の通りを右に曲がりなさい．

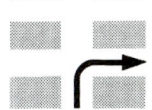

動詞

prendre [prɑ̃dr プランドル]

①食べる, 飲む ②乗る ③買う, 借りる ④進む

je	prends ジュプラン	nous	prenons ヌプルノン
tu	prends テュプラン	vous	prenez ヴプルネ
il	prend イルプラン	ils	prennent イルプレンヌ

① 食べる, 飲む

Je *prends* mon petit déjeuner
ジュプラン　　　モンプティデジュネ
à sept heures.
アセットゥール

わたしは7時に朝食をとります。

Vous *prenez* encore du café ?
ヴプルネ　　　アンコール　デュカフェ

もう少しコーヒーいかがですか？

② 乗る

Rika *prend* le train de dix heures.
リカ　プラン　ルトラン　ドゥディズール

リカは10時の列車に乗ります。

Il *prend* un taxi.
イルプラン　アンタクシ

彼はタクシーに乗ります。

Ils *prennent* un taxi.
イルプレンヌ　アンタクシ

彼らはタクシーに乗ります。

③ 買う，借りる

Tu *prends* ce livre ?
テュプラン　スリーヴル

その本を買うの？

Je *prends* la voiture de mon père.
ジュプラン　ラヴォワテュール　ドゥモンペール

私は父の車を借ります。

④ （道を）進む

Prenez la première rue à gauche.
プルネ　ラプルミエールリュ　アゴーシュ

最初の通りを左に曲がりなさい。

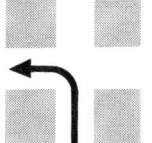

動詞

préparer [prepare プレパレ]

準備する，用意する

Paul *prépare* le dîner.
ポール プレパール ル ディネ
　　　ポールが夕食の用意をしている。

副詞

près [prɛ プレ]

近くに ⇔ loin 遠くに

C'est *près*, ce musée ?
セ プレ ス ミュゼ
　　　その美術館は近くですか？
— Oui, tout *près*.
　ウイ　トゥ プレ
　　　― ええ，すぐ近くです。

◆ **près de...**　…の近くに

Cet hôtel est *près de* la gare.
セットテル エ プレ ドゥ ラ ガール
　　　そのホテルは駅の近くです。

動詞	♡ ♡ ♡

prie [プリ] ⇒
Je vous en prie.

名詞 男	♡ ♡ ♡

printemps [prɛ̃tɑ̃ プランタン]

春 ⇒ 季節 p. 278

形容詞	♡ ♡ ♡

prochain [prɔʃɛ̃ プロシャン]
prochaine [prɔʃɛn プロシェーヌ]

次の，今度の

Où est-ce que tu vas dimanche *prochain* ?
ウエスク　　テュヴァ　　ディマンシュ　　プロシャン
きみ，こんどの日曜日，どこに行くの？

À la semaine *prochaine* !
アラスメーヌ　　プロシェーヌ
また来週ね。

名詞 男

professeur [prɔfesœr プロフェスール]

先生，教授

Le père d'Hélène est *professeur*.
　ル ペール　　デレーヌ　　エ　　プロフェスール

エレーヌのお父さんは先生です。

212

Q

疑問副詞

quand [kɑ̃ カン]?

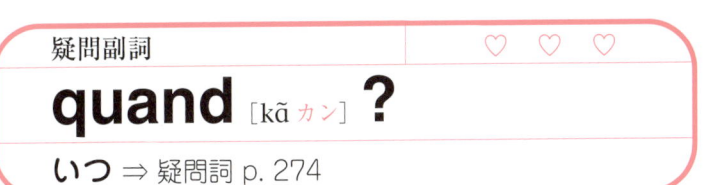

いつ ⇒ 疑問詞 p.274

Quand est-ce que vous venez chez nous ?
　　カンテスク　　　　　ヴヴネ　　　シェヌ

あなたはいつわたしたちの家にいらっしゃるんですか？

一生 来る気
ないんじゃない？

名詞 男

quart [kar カール]

15分，4分の1

Il est quatre heures et ***quart***.
イレ　カトルール　　エ　カール

　　4時15分です。

Il est quatre heures moins le ***quart***.
イレ　カトルール　　　　モワンルカール

　　4時15分前です。

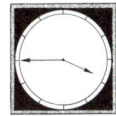

数詞	♡ ♡ ♡

quatorze [katɔrz カトールズ]

14 ⇒ 数詞 p. 270

数詞	♡ ♡ ♡

quatre [katr カトル]

4 ⇒ 数詞 p. 270

疑問代名詞	♡ ♡ ♡

Que [kə ク] ?

何？ ⇒ 疑問詞 p. 275

◆ **Que ... ?** 何を？

Que cherchez-vous ?
 ク　　　シェルシェヴ

　　　何をお探しですか？

ワンポイントアドバイス

- 文頭の Que は「何」の意味です。
- 「…を」,「…が」とはっきりさせるときには, それに est-ce que（…を）, est-ce qui（…が）をつけます。

◆ **Qu'est-ce que … ?**

① 何を？

***Qu'est-ce que* tu cherches ?**　何を探してるの？

— **Je cherche mon billet**
　　 — 切符を探してるの。

***Qu'est-ce que* tu as ?**
　　どうしたの？

— **J'ai mal à la tête.**
　　 — 頭が痛いんだよ。

② …は何？

***Qu'est-ce que* c'est ?**　あれはなんですか？

— **C'est un musée.**　 — あれは美術館ですよ。

◆ **Qu'est-ce qui… ?**　何が？

疑問形容詞

quel [kɛl ケル], quelle [kɛl ケル]

① どんな…？　② …は何？ ⇒ 疑問詞 p. 275

	男性名詞	女性名詞
単数形	quel	quelle
複数形	quels	quelles

① どんな…？

Tu as *quel* âge ?
　テュ ア　　ケラージュ
　　きみ年はいくつ？

— J'ai dix-neuf ans.
　ジェ　　ディズヌヴァン
　　— 19歳だよ。

いくつだ？ Jrじゃねーか！
ハードロック
歌えんのかよム

BANANA CAFE BAND

Quelle heure est-il ?
　ケルール　　エティル
　　今何時ですか？

— Il est une heure cinq.
　イレ　　ユヌール　　サンク
　　— 1時5分です。

À *quelle* heure part votre avion ?
アケール　　　　　　　　パール　　　　ヴォトルアヴィオン

あなたの乗る飛行機は何時発ですか？

— Il part à sept heures.
イルパール　　　アセットゥール

—7時に出ます。

② … は何？

Quelle est la couleur de votre voiture ?
ケレ　　　　　　ラクール　　　　　ドゥヴォトルヴォワテュール

あなたの車は何色ですか？

不定代名詞　　　　　　　　　♡　♡　♡

quelque chose [kɛlkəʃoz ケルクショーズ]

なにか

Tu veux boire *quelque chose* ?
テュヴ　ボワール　　　　ケルクショーズ

なにか飲みたい？

名詞 囡　　　　　　　　　♡　♡　♡

question [kɛstjɔ̃ ケスティオン]

問題, 質問

Cette *question* est facile [difficile].
セットケスティオン　　エ　ファシル　［ディフィシル］

この問題は簡単だ［むずかしい］。

Qu'est-ce que ⇒ Que

疑問代名詞

Qui [ki キ] ?

誰？ ⇒ 疑問詞 p. 275

◆ Qui ... ?

① 誰が？

Qui chante ?
　キ　　シャント

　　誰が歌っているの？

— C'est Paul.
　　セ　　ポール

　　— ポールだよ。

② 誰を？

Qui cherches-tu ?
　キ　　シェルシュテュ

　　誰をさがしているの？

— Je cherche Rika.
　　ジュシェルシュ　リカ

　　— ぼくはリカを探してるんだ。

③ … は誰？

Qui est-ce ?
　キ　　エス

　　この人は誰？

— C'est ma sœur.
　　セ　　　マスール

　　— ぼくの姉だよ。

> Qui est-ce ?

ワンポイントアドバイス

文頭の Qui は「誰」の意味です。
「… を」,「… が」とをはっきりさせるときには，それに est-ce que（… を），est-ce qui（… が）をつけます。
　　　　　　　　　エスク　　　　　　　　　　エスキ

◆ **Qui est-ce que ... ?**　　誰を
　　　　キエスク

◆ **Qui est-ce qui ... ?**　　誰が
　　　　キエスキ

数 詞　　　　　　　　　♡　♡　♡

quinze [kɛ̃z カーンズ]

15 ⇒ 数詞 p. 270

219

R

🎧 20

動詞 ♡ ♡ ♡
regarder [rəgarde ルガルデ]
見る ⇒ voir 見える

***Regardez* ces fleurs.**
　ルガルデ　　　セフルール
あの花を見てください。

人名 男 ♡ ♡ ♡
René [rəne ルネ]

動詞 ♡ ♡ ♡
rentrer [rɑ̃tre ラントレ]
帰る

Paul *rentre* vers neuf heures.
ポール　ラントル　　ヴェールヌヴール
ポールは9時ごろ帰ってきます。

名詞 男

restaurant [rɛstɔrɑ̃ レストラン]

レストラン

On va au *restaurant*. J'ai faim.
オンヴァ　オレストラン　ジェ　ファン

レストランに行こうよ。お腹がすいているんだ。

動詞

rester [rɛste レステ]

とどまる，残る；残っている

Je *reste* à la maison aujourd'hui.
ジュレスト　アラメゾン　オジュルデュイ

今日はずっと家にいます。

◆ **Il reste ...** [非人称動詞として] …が残っている

Il reste encore un peu de vin.
イルレスト　アンコール　アンプ　ドゥヴァン

まだ少しワインが残っている。

動詞

réussir [reysir レユシール]

(à に) 成功する，合格する

Rika veut *réussir* à son examen.
リカ　ヴ　レユシール　アソンネグザマン

リカは試験に合格したいと思っている。

221

revoir ⇒ **Au revoir.**

形容詞

riche [riʃ リッシュ]

豊かな，金持ちの ⇔ pauvre 貧しい

Il est *riche*.
彼は金持ちだ。

不定代名詞

rien [rjɛ̃ リアン]

何もない

◆ **ne ... rien** なにも … ない

Je *ne* sais *rien*. わたしはなにも知りません。

◆ **De rien.** どういたしまして。

Merci beaucoup, Monsieur !
どうもありがとうございます。

— *De rien*.
— どういたしまして。

| 名詞 女 | ♡ ♡ ♡ |

robe [rɔb ローブ]

ワンピース

Rika va acheter une *robe* rouge.
リカ ヴァ アシュテ ユヌローブ ルージュ

リカは赤いワンピースを買うつもりです。

| 形容詞 | ♡ ♡ ♡ |

rouge [ruʒ ルージュ]

赤い ⇒ 色 p.24

Un vin *rouge*, s'il vous plaît.
アンヴァン ルージュ シルヴプレ

赤ワインを1杯ください。

| 名詞 女 | ♡ ♡ ♡ |

rue [ry リュ]

通り

Rika marche dans la *rue*.
リカ マルシュ ダンラリュ

リカは通りを歩いています。

| 所有形容詞 + 単数形女性名詞 | ♡ ♡ ♡ |

sa [sa サ] ...

彼の，彼女の ⇒ son

Rika aime *sa* mère.
リカ　エーム　サメール
　　リカはお母さんが好きです。

Paul aime *sa* mère.
ポール　エーム　サメール
　　ポールはお母さんが好きです。

ワンポイントアドバイス

sa は英語の her とはちがい，持ち主の性別をあらわしてはいません。sa mère は「彼女のお母さん」の場合もありますが，「彼のお母さん」のこともあります。

| 名詞 男 | ♡ ♡ ♡ |

sac [sak サック]

バッグ

Rika achète un *sac*.
リカ　アシェット　アンサック
　　リカはバッグを 1 つ買います。

| 名詞 女 | ♡ ♡ ♡ |

saison [sɛzɔ̃ セゾン]

季節 ⇒ 季節 p. 278

Il y a quatre ***saisons*** dans l'année :
　　イリア　　　カトルセゾン　　　　　ダンラネ
le printemps, l'été, l'automne et l'hiver.
ル プランタン　　　レテ　　　　ロトンヌ　　エ　リヴェール

1年には4つの季節があります。春夏秋冬です。

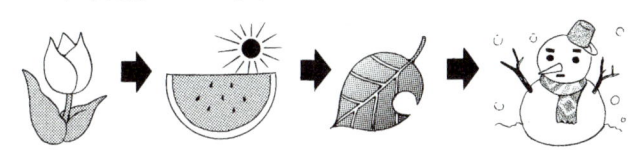

| 名詞 女 | ♡ ♡ ♡ |

salle [sal サル]

部屋，室

Rika et Hélène entrent dans la ***salle***.
リカ　エ　エレーヌ　　　アントル　　　　　ダンラサル

リカとエレーヌは部屋に入ります。

| 名詞 男 | ♡ ♡ ♡ |

samedi [samdi サムディ]

土曜日 ⇒ 週 p. 279

代名動詞

s'appeler [sapəle サプレ]
名前は … です

この動詞は er 動詞だけど，単数と3人称複数では，l が重なるんだ。

je m'appelle ジュマペル	nous nous appelons ヌヌザプロン
tu t'appelles テュタペル	vous vous appelez ヴヴザペレ
il s'appelle イルサペル	ils s'appellent イルサペル

Comment *vous appelez*-vous ?
　コマン　　　ヴザプレヴ
　　あなたのお名前は？
— Je *m'appelle* Rika Sato.
　　ジュマペル　　リカ　サトー
　　— わたしの名前はサトウ・リカです。

動詞

savoir [savwar サヴォワール]

…できる；知っている ⇒ connaître

je sais _{ジュセ}	nous savons _{ヌサヴォン}
tu sais _{テュセ}	vous savez _{ヴサヴェ}
il sait _{イルセ}	ils savent _{イルサーヴ}

Vous *savez* danser ?
 ヴサヴェ   ダンセ

踊れますか？

数詞

seize [sεz セーズ]

16 ⇒ 数詞 p. 270

名詞 囡

semaine [səmɛn スメーヌ]

週 ⇒ 曜日 p. 279

La *semaine* prochaine, nous avons un examen.
ラスメーヌ　　プロシェーヌ　　ヌザヴォン
アンネグザマン

来週，わたしたちは試験があります。

←すでに
AとかBを目指す
レベルではない…

数詞

sept [sɛt セット]

7 ⇒ 数詞 p. 270

名詞 男

septembre [sɛptɑ̃br セプタンブル]

9月 ⇒ 月 p. 278

| 所有形容詞 + 複数形名詞 | ♡ ♡ ♡ |

ses [se セ] ...

彼の，彼女の ⇒ son

son, sa とおなじように ses も「彼の／彼女の」の区別はしません。

| 副　詞 | ♡ ♡ ♡ |

si [si シ]

［否定疑問に肯定で答えて］**いいえ**

Vous n'êtes pas étudiante ?
　ヴネットパ　　　　エテュディアント
　　あなたは学生ではないのですか？

— ***Si***, je suis étudiante.
　　シ　ジュスュイ　エテュディアント
　　いいえ，学生ですよ。

ワンポイントアドバイス

否定疑問に肯定形で答えるとき，英語は yes を使いますが，フランス語では oui ではなく，si を使います。

表現

s'il vous plaît [silvuplɛ / シルヴプレ]

どうぞ，お願いします

Pardon, la rue de Rennes, *s'il vous plaît*.
パルドン　ラリュ　ドゥレンヌ　　　　シルヴプレ

すみません，レンヌ通りに行きたいのですが。

tu で話す相手には，s'il te plaît を使うのよ。
シルトゥプレ

名詞 女

sœur [sœr スール]

姉，妹 ⇒ frère 兄弟

Jean a deux *sœurs*.　ジャンにはふたりの姉妹がいる。
ジャン　ア　ドゥスール

甘え上手な
ちゃっかり者

化粧上手な
キャリアガール

Virginie (9 ans), Jean (20 ans), Isabelle (23 ans)
ヴィルジニー　　　　　ジャン　　　　　　イザベル

230

名詞 女

soif [swaf ソワフ]

渇き

♦ **avoir soif** のどが渇いている

J'ai soif. On va au café.
ジェ ソワフ オンヴァ オカフェ

わたしのどが渇いているの。
カフェに行きましょう。

名詞 男

soir [swar ソワール]

夕方，晩 ⇒ 1日 p. 279

Ce *soir*, on va dîner au restaurant ?
スソワール オンヴァ ディネ オレストラン

今晩レストランで食べない？

soir は夕暮れから夜寝る前まで，
寝ているあいだは nuit

名詞 男

soleil [sɔlɛj ソレイユ]

太陽

Il fait du *soleil*.
イルフェ　デュソレイユ
太陽が出ていて，天気がいい。

動詞

sommes [ソム] ⇒ être

所有形容詞 + 単数形名詞

son [sɔ̃ ソン] ...

彼の，彼女の ⇒ 名詞マーク p. 269

	男性名詞	女性名詞
単数形	son	sa (son)
複数形	ses	

Rika finit *son* travail à dix heures.
リカ　フィニ　ソントラヴァーユ　アディズール

　　　リカは 10 時に彼女の勉強を終えます。

Paul finit *son* travail à sept heures.
ポール　フィニ　ソントラヴァーユ　アセトゥール

　　　ポールは 7 時に彼の仕事を終えます。

ワンポイントアドバイス

son, sa, ses は持ち主の性別を区別していません。
- son père：　「彼の父」か「彼女の父」
- sa mère：　　「彼の母」か「彼女の母」
- ses parents：「彼の両親」か「彼女の両親」

son のあとには単数形男性名詞がくるのが原則です。ただし，うしろに母音や h がくれば，単数形女性名詞のときもあります。
- son argent：（彼［彼女］のお金＝男性名詞）
- son école：　（彼［彼女］の学校＝女性名詞）

人名 女	♡ ♡ ♡

Sophie [sɔfi ソフィ]

動詞	♡ ♡ ♡

sortir [sɔrtir ソルティール]

出る；外出する，デートする ⇔ entrer 入る

je sors _{ジュソール}	nous sortons _{ヌソルトン}
tu sors _{テュソール}	vous sortez _{ヴソルテ}
il sort _{イルソール}	ils sortent _{イルソルト}

Vous *sortez* aujourd'hui ?
ヴソルテ　　オジュルデュイ

あなたは今日外出しますか？

Je *sors* ce soir avec Paul.
ジュソール　スソワール　アヴェックポール

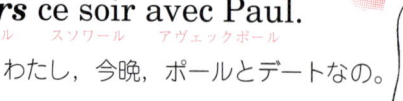

わたし，今晩，ポールとデートなの。

動詞	♡ ♡ ♡

suis [スュイ] ⇒ être

前置詞	♡ ♡ ♡

sous [su スー] …

… の下に

La valise est *sous* la table.
ラヴァリーズ　エ　スーラターブル

スーツケースはテーブルの下にあります。

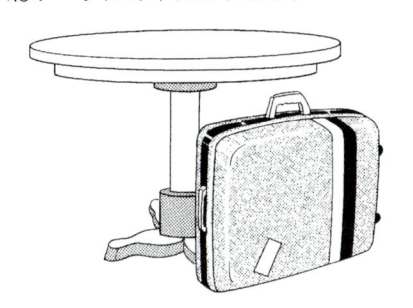

前置詞	♡ ♡ ♡

sur [syr シュール] …

… の上に

Ton sac est *sur* la table.
トンサック　エ　シュールラターブル

きみのバッグはテーブルの上にあります。

sûr ⇒ bien sûr

人名 [女]   ♥ ♥ ♥

Sylvie ［silvi シルヴィ］

ST - GERMAIN DES PRES

💗 ポールのプチメモ 💗

パリ最古のサン・ジェルマン・デ・プレ・教会を中心としたエリアは，セーヌ川左岸で最高に洗練されたスポットだよ。おしゃれなパリジェンヌ御用達のブティックや雑貨店等が多く見られるんだ。流行に敏感なパリっ子に人気のモード誌 ELLE のお店もこのエリア。ロゴ入りオリジナル商品が手に入るのでのぞいてみるといいよ。

またサン・ジェルマンはピカソやサルトルなどが芸術や哲学を論じたカフェがあった場所。今でも知的なムードが感じられる地区だね。CAFE DE FLORE はそんな雰囲気が味わえるカフェかも。この店の由来は，1860 年の創業当時，店の前に花の女神像が建ってたからだって。その像は無くなってもカフェは残ったってとこがパリらしいね。ちなみに，この店は無休の上に朝から深夜まで営業しているので，ぼくのお気に入り。う～ん，観光客はなぜか教会前の Les Deux Magots（レ・ドゥ・マゴ）に行っちゃうんだよね。

パリ 20 区

236

| 所有形容詞 + 単数形女性名詞 | ♡ ♡ ♡ |

ta [ta タ] ...

きみの ⇒ ton

Où est ***ta*** voiture ?
ウ エ タ ヴォワテュール

きみの車はどこなの？

♥ ta のうしろにはかならず単数形の女性名詞がきます。

| 名詞 囡 | ♡ ♡ ♡ |

table [tabl ターブル]

テーブル，食卓

Il y a du vin et du fromage sur la ***table***.
イリア デュヴァン エ デュフロマージュ シュールラターブル

テーブルの上にワインとチーズがあります。

| 名詞 男 | ♡ ♡ ♡ |

taxi [taksi タクシ]

タクシー

Paul prend un ***taxi***.
ポール プラン アンタクシ

ポールはタクシーに乗ります。

名詞 男

temps [tɑ̃ タン]

時間；天候

Tu as le *temps* ? 時間ある？
 テュア　ルタン

Quel *temps* fait-il ?
 ケルタン　　フェティル
　　どんな天気ですか？

時間あるなら
Zombi 3でも
見ない？

所有形容詞 + 複数形名詞

tes [te テ] ...

きみの ⇒ ton

Tes parents habitent à Tokyo ?
 テパラン　　アビット　　アトキオ
　　きみの両親は東京に住んでるの？

名詞 女

tête [tɛt テット]

頭

J'ai mal à la *tête*.
ジェ　マル　アラテット
　ぼくは頭が痛い。

名詞 男 ♡ ♡ ♡

thé [te テ]

紅茶

Vous voulez du *thé* ?
ヴヴレ　　　デュテ
紅茶はいかがですか？

人名 男 ♡ ♡ ♡

Thomas [tɔma トマ]

名詞 男 ♡ ♡ ♡

timbre [tɛ̃br タンブル]

切手

Avez-vous des *timbres* ?
アヴェヴ　　　デタンブル
切手はありますか？

239

人称代名詞【強勢形】 ♡ ♡ ♡

toi ［twa トワ］

きみ ⇒ 人称代名詞 p. 266

Je peux venir chez *toi* vendredi ?
ジュプ　　ヴニール　　シェトワ　　ヴァンドルディ

金曜日に，きみのところに
行ってもいいかい？

Toi, tu restes. Moi, je pars.
トワ　テュレスト　　モワ　ジュパール

きみは残れ。ぼくは出かける。

所有形容詞 ♡ ♡ ♡

ton ［tɔ̃ トン］ ...

きみの ⇒ 名詞マーク p. 269

	男性名詞	女性名詞
単数形	**ton**	**ta (ton)**
複数形	**tes**	

C'est *ton* sac ?
セ　　トンサック

これはきみのバックかい？

240

Ton école est loin ?
トンネコール　エ　ロワン

きみの学校は遠いの？

ワンポイントアドバイス

ton のあとには単数形男性名詞がくるのが原則です。

- ton père　（きみのお父さん＝男性名詞）

ただし，うしろに母音や h がくれば，単数形女性名詞のときもあります。

- ton argent　（きみのお金＝男性名詞）
- ton école　（きみの学校＝女性名詞）

| 副詞 | ♡ ♡ ♡ |

tôt [to ト]

（時間が）早く

On part *tôt*, demain matin.
オンパール ト ドゥマンマタン

あしたの朝は出発が早いですよ。

a.m. 5:00

| 動詞 | ♡ ♡ ♡ |

tourner [turne トゥルネ]

曲がる

Tournez dans cette rue à droite.
トゥルネ ダンセットリュ アドロワット

この通りを右に曲がってください。

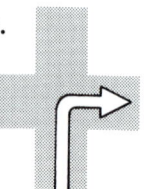

| 名詞 男 | ♡ ♡ ♡ |

train [trɛ̃ トラン]

列車

On va à Lyon en *train*.
オンヴァ アリヨン アントラン

列車でリヨンに行きます。

| 名詞 男 | ♡ ♡ ♡ |

travail [travaj トラヴァーユ]
仕事，勉強

À quelle heure finis-tu ton *travail* ?
　アケルール　　　フィニテュ　　トントラヴァーユ

あなたの仕事は何時に終わるの？

| 動詞 | ♡ ♡ ♡ |

travailler [travaje トラヴァイエ]
勉強する，働く

Rika ne *travaille* pas beaucoup.
リカ　　　ヌトラヴァーユパ　　　ボクー

リカはあまり勉強しません。

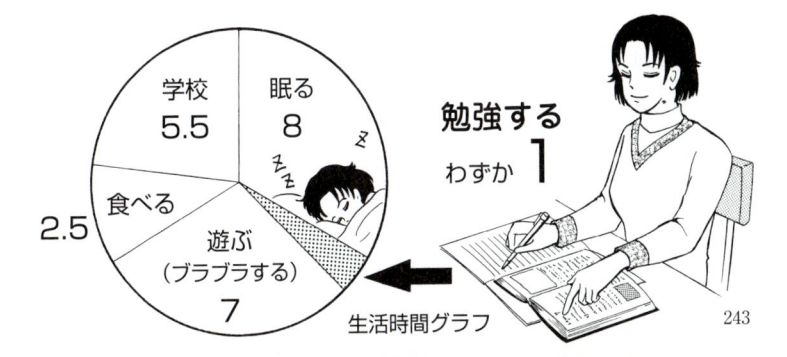

学校 5.5
眠る 8
食べる 2.5
遊ぶ（ブラブラする）7
勉強する わずか 1

生活時間グラフ

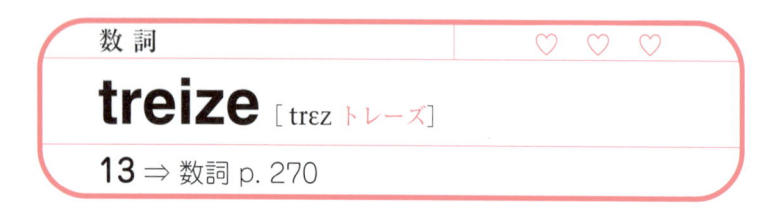

| 数詞 | ♡ ♡ ♡ |

treize [trɛz トレーズ]

13 ⇒ 数詞 p. 270

| 副詞 | ♡ ♡ ♡ |

très [trɛ トレ]

とても

Ce fromage est *très* bon !
スフロマージュ　エ　トレボン

このチーズはとてもおいしいわ。

J'ai *très* faim.
ジェ　トレファン

わたしはとても
お腹がすいています。

| 数詞 | ♡ ♡ ♡ |

trois [trwɑ トロワ]

3 ⇒ 数詞 p. 270

| 動詞 | ♡ ♡ ♡ |

trouver [truve トルヴェ]

見つける ⇔ chercher 探す

Où est-ce qu'on peut *trouver* un taxi ?
　ウエスコンプ　　　　　　トルヴェ　　アンタクシ

タクシーはどこで拾うことができますか？

| 人称代名詞【主語】 | ♡ ♡ ♡ |

tu [ty テュ]

きみは ⇒ 人称代名詞 p. 266

Qu'est-ce que *tu* fais, Paul ?
　ケスクテュフェ　　　　ポール

ポール，何してるの？

> 話し相手がひとりのとき，あまり親しくない人には，vous を使うけれど，家族や友だちなど親しい人に対しては tu を使うんだ。

U

23

不定冠詞 + 単数形名詞　　♡　♡　♡

un [œ̃ アン], **une** [yn ユヌ]

ひとつの，ひとりの ⇒ 名詞マーク p. 268

J'ai ***un*** frère.
ジュ　アン フレール

　　わたしにはひとりの弟がいます。

Il a ***une*** voiture.
イラ　　ユヌ ヴォワテュール

　　彼は車を1台もっています。

un
- garçon（男の子）
  ガルソン
- sac（バッグ）
  サック

une
- fille（女の子）
  フィーユ
- valise（スーツケース）
  ヴァリーズ

des
- garçons　filles
- sacs　　　valises

ワンポイントアドバイス

un のうしろには単数形の男性名詞がきます。
une のうしろには単数形の女性名詞がきます。
des のうしろには複数形の名詞がきます。

副詞句	♡ ♡ ♡

un peu [œ̃pø アンプ]

少し

Jean est *un peu* fatigué.
ジャンは少し疲れています。

Jean

Jean

Va m'acheter !
Nina Ricci, Chanel,
Lacroix, Dior, Hermès,
Louis Vuitton……

Jean

V

| 名詞 女 複数 | ♡ ♡ ♡ |

vacances [vakɑ̃s ヴァカンス]

休暇，バカンス

Les *vacances* commencent.
レヴァカンス　　　コマンス

バカンスが始まります。

Demain, ils partent en *vacances*.
ドゥマン　　　イルパルト　　　　アンヴァカンス

明日，彼らはバカンスに出発します。

| 動詞 | ♡ ♡ ♡ |

va [ヴァ], **vais** [ヴェ], **vas** [ヴァ]
⇒ **aller**

名詞 女

valise [valiz ヴァリーズ]

スーツケース

Rika, c'est ta *valise* ?
リカ, これはきみのスーツケースかい？

動詞

vendre [vɑ̃dr ヴァンドル]

売る ⇔ acheter 買う

je	vends	nous	vendons
	ジュヴァン		ヌヴァンドン
tu	vends	vous	vendez
	テュヴァン		ヴヴァンデ
il	vend	ils	vendent
	イルヴァン		イルヴァンド

Je veux *vendre* ma voiture.
わたしは車を売りたい。

名詞 男

vendredi [vɑ̃drədi ヴァンドルディ]

金曜日 ⇒ 曜日 p. 279

動詞

venir [vənir ヴニール]

来る ⇔ aller 行く

je	viens ジュヴィアン	nous	venons ヌヴノン
tu	viens テュヴィアン	vous	venez ヴヴネ
il	vient イルヴィアン	ils	viennent イルヴィエンヌ

Rika *vient* du Japon.
リカ　ヴィアン　デュジャポン

リカは日本から来ています。

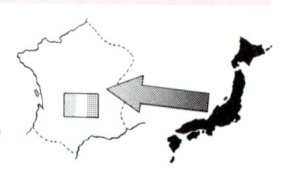

On va au cinéma ; tu *viens* avec nous ?
オンヴァ　　オシネマ　　　　テュヴィアン　　アヴェックヌ

映画に行くんだけど，ぼくたちといっしょに行かない？

名詞 男	♡ ♡ ♡

vent [vɑ̃ ヴァン]

風

Il fait du *vent*　風がふいています。
イルフェ　デュヴァン

人名 女	♡ ♡ ♡

Véronique [verɔnik ヴェロニック]

名詞 男	♡ ♡ ♡

verre [vɛr ヴェール]

コップ，グラス

Donnez-moi un *verre* d'eau, s'il vous plaît.
ドネモワ　　アンヴェール　ド　　シルヴプレ

コップ1杯の水をください。

前置詞	♡ ♡ ♡

vers [vɛr ヴェール] …

…頃

Je viens chez vous *vers* huit heures.
ジュヴィアン　　シェヴ　　ヴェールユイトゥール

8時頃お宅におうかがいします。

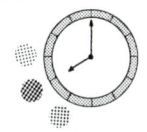

形容詞	♡ ♡ ♡

vert [vɛr ヴェール]
verte [vɛrt ヴェルト]

緑色の ⇒ 色 p.24

Rika met une robe *verte*.
リカ メ ユヌロープ ヴェルト
　　リカはグリーンのワンピースを着ます。

動詞	♡ ♡ ♡

veulent [ヴール], veut [ヴ]
veux [ヴ] ⇒ vouloir

名詞 囡	♡ ♡ ♡

viande [vjɑ̃d ヴィアンド]

肉

Vous voulez encore de la *viande* ?
ヴヴレ　　アンコール　　　ドゥラヴィアンド
　　もう少し肉はいかが?

形容詞	♡ ♡ ♡

vieux [vjø ヴィユ]
vieil [vjɛj ヴィエイユ]
vieille [vjɛj ヴィエイユ]

vieil は男性単数第2形
⇒ beau を参照

年とった ⇔ jeune 若い ; 古い ⇔ nouveau... 新しい

Il est *vieux*.
イレ ヴィユ
彼は年をとっている。

Elle est *vieille*.
エレ ヴィエイユ
彼女は年をとっている。

名詞 男	♡ ♡ ♡

village [vilaʒ ヴィラージュ]

村

Le *village* est à sept kilomètres d'ici.
ル ヴィラージュ エ タ セット キロメートル ディシ
その村はここから7キロです。

7 km ➡

253

名詞 囡

ville [vil ヴィル]

町；都会 ⇔ campagne 田舎

Ils habitent en *ville*.
イルザビット　アンヴィル

彼らは都会に住んでいる。

名詞 男

vin [vɛ̃ ヴァン]

ワイン

Vous prenez du *vin* ?
ヴプルネ　デュヴァン

ワインをめしあがりますか？

数詞

vingt [vɛ̃ ヴァン]

20 ⇒ 数詞 p. 270

人名 女

Virginie [viʒini ヴィルジニー]

副詞

vite [vit ヴィット]

（速度が）はやく

Elle parle très *vite*.
エル パルル　トレ ヴィット
彼女はとても早口だ。

表現

voici [vwasi ヴォワシ] …

これは … です，ここに … がある［いる］；
こちらは … です

Voici Rika, une étudiante japonaise.
ヴォワシ　リカ　　ユネテュディアント　ジャポネーズ
こちらはリカ，日本人の学生です。

表現

voilà [vwala ヴォワラ] …

あれは … です，あちらに … がある［いる］;
あちらは … です

Voilà ma maison.
ヴォワラ　　マメゾン

あれがわたしの家です。

Voilà Daniel, mon père.
ヴォワラ　ダニエル　モンペール

あちらは父のダニエルです。

動詞

voir [vwar ヴォワール]

見る，見える；（人に）会う

je vois <small>ジュヴォワ</small>	nous voyons <small>ヌヴォワイオン</small>
tu vois <small>テュヴォワ</small>	vous voyez <small>ヴヴォワイエ</small>
il voit <small>イルヴォワ</small>	ils voient <small>イルヴォワ</small>

Qu'est-ce que tu *vois* ?
<small>ケスク　　　テュヴォワ</small>

なにが見えるの？

— Je *vois* une belle maison.
<small>ジュヴォワ　　ユヌベルメゾン</small>

— きれいな家を見てるの。

ワンポイントアドバイス

voir は（自然に）「見える」　　regarder は（意識的に）「見る」

名詞 [女]

voiture [vwatyr ヴォワテュール]

車, 乗用車

Vous avez une *voiture* ?
ヴザヴェ　　　ユヌヴォワテュール
車をもっていますか。

On va à Lyon en *voiture*.
オンヴァ　アリヨン　アンヴォワテュール
車でリヨンに行きます。

動詞

vont [ヴォン] ⇒ aller

所有形容詞 + 複数形名詞

vos [vo ヴォ] …

あなた（がた）の, きみたちの

所有形容詞 + 単数形名詞　　　♡ ♡ ♡

votre [vɔtr ヴォトル] …

あなた(がた)の，きみたちの ⇒ 名詞マーク p. 269

votre

　　père (父)　mère (母)
　　ペール　　　メール

vos

　　parents (両親)
　　パラン

Comment va *votre* frère ?
　コマン　　ヴァ　　ヴォトル フレール

あなたのお兄さんはお元気ですか？

あなたの
お兄さんは
いつまでも
青年のようね

ワンポイントアドバイス

- votre はうしろに単数形名詞がきます。
- vos はうしろに複数形名詞がきます。
- votre も vos もうしろにくるのが男性名詞か女性名詞かのちがいをあらわしてはいません。

動詞

vouloir [vulwar ヴロワール]

…したい，…をほしがる

je	veux ジュヴ	nous	voulons ヌヴロン
tu	veux テュヴ	vous	voulez ヴレ
il	veut イルヴ	ils	veulent イルヴール

Elle *veut* aller en France.
エルヴ　　アレ　　アンフランス

彼女はフランスに行きたがっている。

フランスって酒はうまいし兄ちゃんはキレイ♥

***Voulez*-vous fermer la fenêtre ?**
ヴレヴ　　　　フェルメ　　ラフネートル

窓を閉めてくれませんか？

***Voulez*-vous encore du café ?**
ヴレヴ　　　　アンコール　デュカフェ

もっとコーヒーはいかが？

– Oui, je *veux* bien.
ウイ　ジュヴ　　ビアン

— はい，いただきます。

Oui

人称代名詞【主語】/【強勢形】

vous [vu ヴ]

あなた（がた），きみたち ⇒ 人称代名詞 p. 266

① 【主語】 あなた（がた）は，きみたちは

Vous êtes japonaise ?
　　ヴゼット　　　ジャポネーズ

　あなたは日本人ですか？

— Oui, je suis japonaise.
　ウイ　ジュスュイ　　ジャポネーズ

　— はい，わたしは日本人です。

Vous travaillez ici ?
　　ヴトラヴァイエ　　イシ

　あなたたちはここで働いているのですか？

— Oui, nous travaillons ici.
　ウイ　　ヌトラヴァイヨン　　イシ

　— はい，わたしたちはここで働いています。

相手がひとりでも，初対面の人や，あまり親しくない人には，vous を使って話すのよ。

次ページも要チェック ☞

ワンポイントアドバイス

vous chantez のように，vous の活用語尾は -ez になります。

例外は vous êtes (être), vous faites (faire), vous dites (dire) の 3 つだけです。

② 【強勢形】 あなた（がた），きみたち

Je peux passer chez ***vous*** cet après-midi ?
ジュプ　　　パセ　　　シェヴ　　　セッタプレミディ

今日の午後，お宅に立ち寄ってもいいですか？

←最近ガーデニングに
ハマってるパパ

nous と vous は
主語と強勢形が同じ形だから
気をつけないとね。

名詞 男 ♡ ♡ ♡

voyage [vwajaʒ ヴォワイアージュ]

旅行

Quand partez-vous en *voyage* ?
カン　　　パルテヴ　　　アンヴォワイアージュ

旅行にはいつ出るの？

Au revoir !

Bon *voyage* !
ボンヴォワイアージュ

いい旅をね！，行ってらっしゃい！

形容詞 ♡ ♡ ♡

vrai [vrɛ ヴレ] , vraie [vrɛ ヴレ]

本当の

C'est *vrai* ?
　　　セ　　ヴレ

それは本当ですか？

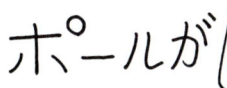

ポールがピ○ー？

263

W

🌐 25

名詞 男	♡ ♡ ♡

week-end [wikɛnd ウイケンド]

週末

Qu'est-ce que tu fais ce *week-end* ?
　ケスク　　　　　テュフェ　　　スウイケンド

今週末はなにをするの？

vendredi　samedi　dimanche

W.-C. [vese ヴェセ]

💗 ポールのプチメモ 💗

パリは公衆トイレが少ない。街中に男女兼用全自動システム（有料）のトイレがあるけど，故障していることもあるからあてにできないんだ。確実に利用できるのはカフェや美術館，デパートなど。観光地のトイレは有料なので，小銭の用意をしておいてね。
トイレ表示は TOILETTE, W.-C., LABABO。男性用は HOMMES, または MESSIEURS。
女性用は FEMMES または DAMES。

Où sont les W.-C. ?

unité 3
よく分かる 文法ノート

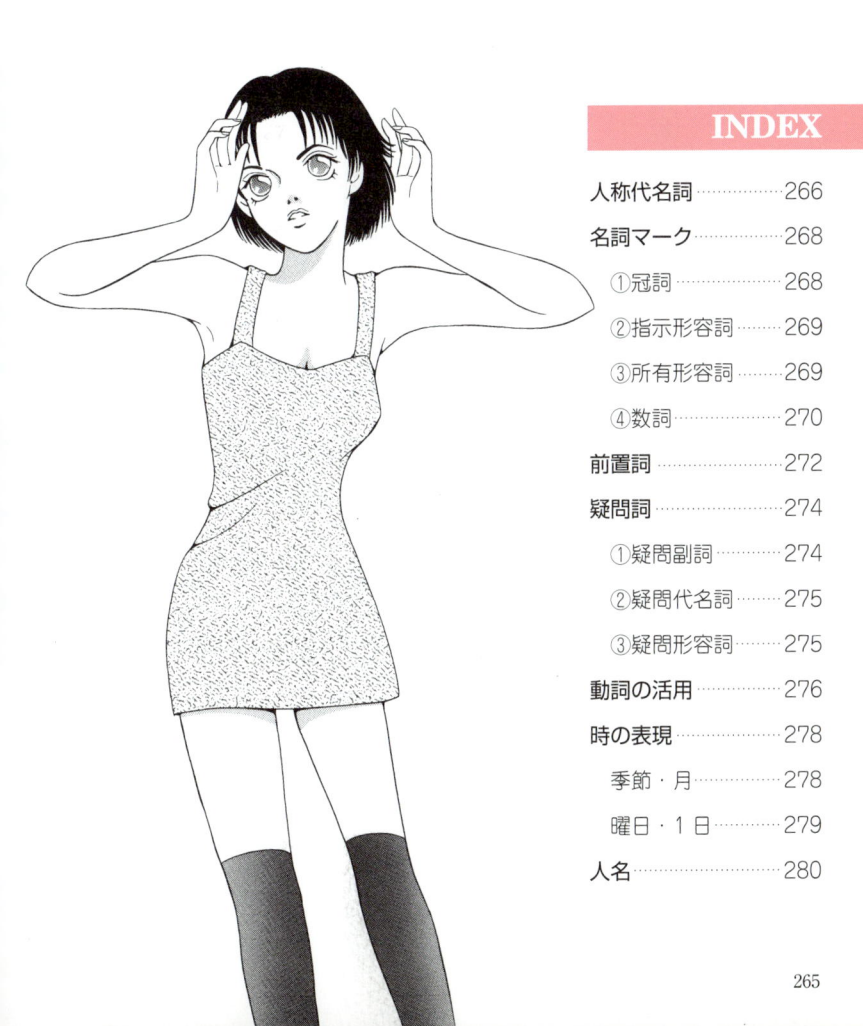

INDEX

人称代名詞 …………… 266
名詞マーク …………… 268
　①冠詞 ………………… 268
　②指示形容詞 ………… 269
　③所有形容詞 ………… 269
　④数詞 ………………… 270
前置詞 ………………… 272
疑問詞 ………………… 274
　①疑問副詞 …………… 274
　②疑問代名詞 ………… 275
　③疑問形容詞 ………… 275
動詞の活用 …………… 276
時の表現 ……………… 278
　季節・月 ……………… 278
　曜日・1日 …………… 279
人名 …………………… 280

人称代名詞

❤ 人称代名詞とは？

フランス語の人称代名詞は以下のものを示す言葉で，単数形と複数形があります。

- 話に参加している人→話し手（1人称），聞き手（2人称）
- 話題になっている人と物（3人称）

		1人称	2人称	3人称 男性	3人称 女性
主語	単数	**je (j')** 私は	**tu** 君は	**il** 彼は（それは）	**elle** 彼女は（それは）
主語	複数	**nous** 私たちは	**vous** 君たちは（あなたは）	**ils** 彼らは（それらは）	**elles** 彼女たちは（それらは）
強勢形	単数	**moi** 私	**toi** 君	**lui** 彼	**elle** 彼女
強勢形	複数	**nous** 私たち	**vous** 君たち（あなた）	**eux** 彼ら	**elles** 彼女たち

★ 聞き手が一人のとき，家族や友だちなど親しい相手には tu, toi を使いますが，初対面の人や，仕事上のつきあいなど，あまり親しくない人に対しては vous を使います。

【例】　Vous êtes étudiante ?　　　あなたは学生ですか？
　　　　 ヴゼット　エテュディアント

❤ 強勢形の使い方は？

- 前置詞のうしろ

  【例】 Tu viens **avec moi** ?　　ぼくといっしょに来るかい？
  　　　テュヴィアン　アヴェックモワ

- C'est のうしろで

  【例】 C'est **moi**, Rika.　　わたしよ，リカよ。
  　　　セ　モワ　　リカ

- 主語などを強調したいとき

  【例】 **Moi**, je travaille.　　わたしは勉強してるのよ。
  　　　モワ　　ジュトラヴァーユ

- 比較の que のうしろで

  【例】 Il est plus gros que **moi**.　彼はわたしより太っている。
  　　　イレ　　プリュグロ　　　クモワ

★ je のエリジオン

je は母音や h ではじまる動詞がつづくときは，エリジオンします。

  【例】 **J'aime** la musique.　　わたしは音楽が好きです。
  　　　ジェーム　ラミュジック

  　　　J'habite à Tokyo.　　わたしは東京に住んでいます。
  　　　ジャビット　アトキオ

★ 3人称の人と物の区別

フランス語の代名詞では人と物の区別をしません。elleというと「彼女は」と思ってしまいがちですが，女性名詞の物をさして「それは」と言っていることもあります。

  【例】 **Cette voiture, elle** est à moi.
  　　　セットヴォワテュール　　エレタモワ

  　　　　　　　　　　　　　　その車はわたしのです。

★ ils と elles の区別

女性のなかに一人でも男性が混ざっていると ils になります。

  【例】 Rika, Hélène → **elles**

  　　　Rika, Hélène, Paul → **ils**

267

名詞マーク

- ❤ 名詞には「男性名詞／女性名詞」,「単数形／複数形」のちがいがありますが，それらを区別するのが「名詞マーク」です。
- ❤「名詞マーク」には ① 冠詞, ② 指示形容詞, ③ 所有形容詞, ④ 数詞の 4 種類があります。
- ❤ 不定冠詞以外の「名詞マーク」のうしろに母音や h がくると，単数形でも「男性名詞／女性名詞」の区別がつきにくくなります（複数形では名詞マークによる「男性名詞／女性名詞」の区別はできません）。

【例】　l'hôtel（ホテル＝男性名詞）　　l'école（学校＝女性名詞）
　　　　ロテル　　　　　　　　　　　　レコール

① 冠　詞

1. 不定冠詞：（単数）あるひとつの，ひとりの
　　　　　　　（複数）いくつかの，何人かの

	男性	女性
単数	un	une
複数	des	

2. 定冠詞：あの，例の

	男性	女性
単数	le (l')	la (l')
複数	les	

3. 部分冠詞：いくらかの

男性	女性
du (de l')	de la (de l')

② 指示形容詞

この, その, あの

	男性	女性
単数	ce (cet)	cette
複数	ces	

★近いもの, 遠いものの区別はしません。

③ 所有形容詞

	男性単数	女性単数	男女複数
私の	mon	ma (mon)	mes
君の	ton	ta (ton)	tes
彼の・彼女の	son	sa (son)	ses
私たちの	notre		nos
君たちの・あなたの	votre		vos
彼らの・彼女らの	leur		leurs

★son, sa の区別

son, sa はうしろの名詞が男性か女性かをしめし, 持ち主の性別はあらわしません（英語の his, her の区別とは異なります）。

【例】 Elle prend **son** déjeuner à midi.
　　　　エルプラン　　ソンデジュネ　　アミディ
　　　　彼女は 12 時に昼食をとります。

★mon, ton, son のうしろの名詞の性別は？

うしろに子音がくれば男性名詞とわかりますが, 母音または h がきていると女性名詞のこともあります。

【例】 Voilà **mon** école.　　あれがわたしの学校です。
　　　　ヴォワラ　モンネコール

④ 数詞

1	**un, une** _{アン, ユヌ}	un kilo _{アンキロ}	une heure _{ユヌール}
2	**deux** _{ドゥ}	deux kilos _{ドゥキロ}	deux heures* _{ドゥズール}
3	**trois** _{トロワ}	trois kilos _{トロワキロ}	trois heures* _{トロワズール}
4	**quatre** _{カトル}	quatre kilos _{カトルキロ}	quatre heures _{カトルール}
5	**cinq** _{サンク}	cinq kilos* _{サンキロ}	cinq heures _{サンクール}
6	**six** _{シス}	six kilos* _{シキロ}	six heures* _{シズール}
7	**sept** _{セット}	sept kilos _{セットキロ}	sept heures _{セットゥール}
8	**huit** _{ユイット}	huit kilos* _{ユイキロ}	huit heures _{ユイトゥール}
9	**neuf** _{ヌフ}	neuf kilos _{ヌフキロ}	neuf heures* _{ヌヴール}
10	**dix** _{ディス}	dix kilos* _{ディキロ}	dix heures* _{ディズール}
11	**onze** _{オーンズ}	onze kilos _{オンズキロ}	onze heures _{オンズール}
12	**douze** _{ドゥーズ}	douze kilos _{ドゥーズキロ}	douze heures _{ドゥーズール}
13	**treize** _{トレーズ}	treize kilos _{トレーズキロ}	treize heures _{トレズール}
14	**quatorze** _{カトールズ}	quatorze kilos _{カトールズキロ}	quatorze heures _{カトルズール}
15	**quinze** _{カーンズ}	quinze kilos _{カーンズキロ}	quinze heures _{カンズール}
16	**seize** _{セーズ}	seize kilos _{セーズキロ}	seize heures _{セズール}
17	**dix-sept** _{ディスセット}	dix-sept kilos _{ディスセットキロ}	dix-sept heures _{ディスセットゥール}
18	**dix-huit** _{ディズユイット}	dix-huit kilos _{ディズユイキロ}	dix-huit heures _{ディズユイトゥール}
19	**dix-neuf** _{ディズヌフ}	dix-neuf kilos _{ディズヌフキロ}	dix-neuf heures* _{ディズヌヴール}
20	**vingt** _{ヴァン}	vingt kilos _{ヴァンキロ}	vingt heures* _{ヴァントゥール}

※
cinq kilos	サンキロ
six kilos	シキロ
huit kilos	ユイキロ
dix kilos	ディキロ

数詞の最後の q, x, t は読まないのでチェック！

＊
リエゾンに注意しよう！
deux heures	ドゥズール
trois heures	トロワズール
six heures	シズール
dix heures	ディズール

とくに
| neuf heures | ヌヴール |

【例】　Tu as quel âge ?　　　　　きみ年いくつ？
　　　　テュア　ケラージュ

　　　– J'ai **dix-huit** ans.　　　　－ぼくは 18 歳だよ。
　　　　ジェ　ディズユイタン

　　　Vous êtes combien ?　　　　何名様ですか？
　　　ヴゼット　コンビアン　　　　（レストランなどで）

　　　– Nous sommes **six**.　　　　－ 6 人です。
　　　　ヌソム　シス

　　　Où habitez-vous ?　　　　どこに住んでいるのですか？
　　　ウ　アビテヴ

　　　– J'habite **15**, rue d'Alésia.　　－アレジア通り 15 番地です。
　　　　ジャビット　カーンズ　リュ　ダレジア

　　　Le combien sommes-nous aujourd'hui ?
　　　ル コンビアン　　　　　ソヌム　　　　オジュルデュイ
　　　　　　　　　　　　　　　　　　　　　今日は何日ですか？

　　　– Nous sommes le **3** mai.　　－ 5 月 3 日です。
　　　　ヌソム　ル トロワ　メ　　　　（日付は定冠詞をつけます）

前置詞

♥前置詞とは？

- 前置詞とは名詞グループ（名詞マーク＋名詞）の「前」に「置」かれる言葉です。
- 日本語の助詞（「…に」,「…へ」,「…で」,「…と」など，名詞のうしろに置かれている言葉）と似た働きをします。

♥前置詞＋名詞グループの意味は？

- いつ，どこで，どのように，なぜ…をあらわします。

à deux heures（2時に）
アドゥズール

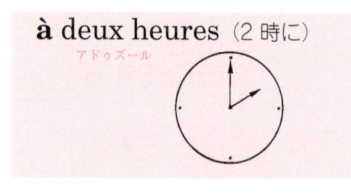

à Paris（パリで）
アパリ

avec des amis（友だちと）
アヴェックデザミ

pour toi（きみのために）
プールトワ

- 名詞の修飾語になります。

  le père **de** Paul　　（ポールのお父さん）
  ルペール　ドゥポール

♥前置詞＋名詞グループの発音は？

- ひとつのリズム・グループを作っているので，上記のふりがなのようにかならずひとまとめにして発音します。

à _ア	…に，へ；…で			
avant _{アヴァン}	…より前に	⇔	**après** _{アプレ}	…のあとに
avec _{アヴェク}	…といっしょに			
chez _{シェ}	…の家で			
dans _{ダン}	…のなかで；…後に			
de _{ドゥ}	…の；…から			
depuis _{ドゥピュイ}	…以来	⇔	**jusqu'à** _{ジュスカ}	…まで
devant _{ドゥヴァン}	…の前に	⇔	**derrière** _{デリエール}	…のうしろに
en _{アン}	…に，で			
entre _{アントル}	(ふたつの) …あいだに			
par _{パール}	…によって；…につき			
pendant _{パンダン}	(ある期間の) あいだに			
pour _{プール}	…のために[の]；…に向かって			
sur _{シュール}	…の上に	⇔	**sous** _{スー}	…の下に
vers _{ヴェール}	…頃			

疑問詞

❤ いつ，どこ，誰，何，どのように，なぜ，どんな…
① **疑問副詞**

quand (カン)	いつ
où (ウ)	どこで [に]
pourquoi (プルクワ)	なぜ
comment (コマン)	どのように
combien (コンビアン)	いくつ，いくら

★ quand, où の答え
　　前置詞＋名詞グループ
　　【例】 **à** huit heures（8時に），**à** Paris（パリで [に]）
　　　　　アユイトゥール　　　　　　アパリ

★ pourquoi の答え
　　【例】 **Parce que** j'aime Rika. 　（リカが好きだから）
　　　　　パルスク　　ジェーム　リカ

★ comment の答え
　　副詞
　　【例】 Rika va **bien**. 　（リカは元気です）
　　　　　リカ　ヴァ　ビアン

　　前置詞＋名詞グループ
　　【例】 Je vais **en train**. 　（列車で行きます）
　　　　　ジュヴェ　　アントラン

★ combien の答え
　　数詞
　　【例】 **Dix** euros. 　（10ユーロです）
　　　　　ディズーロ

② 疑問代名詞　誰（Qui），何（Que）

誰が
Qui ... ? / Qui est-ce qui ... ?
キ　　　　　　　キエスキ

誰を；…は誰
Qui ... ? / Qui est-ce que ... ?
キ　　　　　　　キエスク

何が
Qu'est-ce qui ... ?
ケスキ

何を；…は何
Que ... ? / Qu'est-ce que ... ?
ク　　　　　　　ケスク

★ 「…が／…を」の区別をはっきりさせたいとき

Qui（誰）／Que（何）のうしろに下の表現をつけます。

est-ce qui（〜が）
エスキ

est-ce que（〜を；…は〜）
エスク

③ 疑問形容詞　どんな…?，…は何?

	男性	女性
単数	**quel**	**quelle**
複数	**quels**	**quelles**

★発音はすべて「ケル」です。

動詞の活用

> 動詞の活用というのは主語にあわせて語尾が変化することだよ

❤ 単数形主語（je, tu, il, elle）の語尾は er 動詞（不定詞の語尾が er のもの）と，それ以外のもの（不定詞の語尾が ir, re, oir のもの）の2種類があります。

❤ 複数形主語（nous, vous, ils, elles）の語尾は1種類だけです。

● er 動詞の単数形

je	e
tu	es
il / elle	e

● er 動詞以外の単数形

je	s
tu	s
il / elle	t

● 複数形

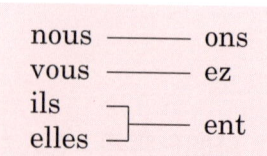

nous	ons
vous	ez
ils / elles	ent

※ 例外　être, avoir, aller, faire, dire　⇒　それぞれの項目を参照

★ **注意すべき語尾**

- pouvoir ⇒ je peu**x**, tu peu**x**
- vouloir ⇒ je veu**x**, tu veu**x**

語尾が s ではなく x です。

要チェック

- attendre ⇒ il attend
- prendre ⇒ il prend

語尾に t がついていません。

❤ 仏検動詞活用問題へのヒント

【例】1998 年秋季

Nous (　　) jusqu'à midi.

  1 travaille **2** travaillent **3** travaillons

★主語と語尾の関係に注目！

Tu (　　) partir ?

  1 devez **2** dois **3** doivent

Ils n' (　　) pas d'enfants.

  1 a **2** avez **3** ont

★avoir, être, aller, faire …は不規則なので全部の活用を暗記しよう！

時の表現

季節

au printemps オプランタン	春に	**en été** アンネテ	夏に
en automne アンノトンヌ	秋に	**en hiver** アンニヴェール	冬に

★ 前置詞は,「春に」以外は, en ... になります。

月

janvier ジャンヴィエ	1月
février フェヴリエ	2月
mars マルス	3月
avril アヴリル	4月
mai メ	5月
juin ジュアン	6月
juillet ジュイエ	7月
août ウ, ウット	8月
septembre セプタンブル	9月
octobre オクトブル	10月
novembre ノヴァンブル	11月
décembre デサンブル	12月

★「1月に」,「2月に」というときは,前置詞は en ... または au mois de ... を使います。

【例】 en janvier, au mois de février, au mois d'août
アンジャンヴィエ　　オモワ　　ドゥフェヴリエ　　オモワ　　ドゥット

曜日		
	lundi ランディ	月曜日
	mardi マルディ	火曜日
	mercredi メルクルディ	水曜日
	jeudi ジュディ	木曜日
	vendredi ヴァンドルディ	金曜日
	samedi サムディ	土曜日
	dimanche ディマンシュ	日曜日

★ 曜日は前置詞をつけずに使います。

【例】 Lundi, je vais à Paris.　月曜日に，私はパリに行きます。
　　　ランディ　ジュヴェ　アパリ

1日				
	matin マタン	朝, 午前	**soir** ソワール	夕方, 晩 （夕方から寝るまで）
	midi ミディ	正午	**nuit** ニュイ	夜（寝ているあいだ）
	après-midi アプレミディ	午後	**minuit** ミニュイ	夜の12時

★ ce matin「今朝」, cet après-midi「今日の午後」, ce soir「今晩」,
　スマタン　　　　　セッタプレミディ　　　　　　　スソワール
demain matin「明日の朝」などの使い方もおぼえましょう。
ドゥマン　マタン

その他の時間表現

aujourd'hui オジュルデュイ	今日	**demain** ドゥマン	あした
hier イエール	昨日	**maintenant** マントゥナン	今

女性の名前		男性の名前	
Brigitte	ブリジット	Alexandre	アレクサンドル
Caroline	カロリーヌ	André	アンドレ
Catherine	カトリーヌ	Daniel	ダニエル
Cécile	セシル	Eric	エリック
Chantal	シャンタル	François	フランソワ
Françoise	フランソワーズ	Gilles	ジル
Hélène	エレーヌ	Jacques	ジャック
Isabelle	イザベル	Jean	ジャン
Jeanne	ジャンヌ	Michel	ミシェル
Julie	ジュリー	Nicolas	ニコラ
Marie	マリー	Paul	ポール
Michèle	ミシェル	Philippe	フィリップ
Monique	モニック	Pierre	ピエール
Nathalie	ナタリー	René	ルネ
Nicole	ニコル	Thomas	トマ
Sophie	ソフィー		
Sylvie	シルヴィー		
Véronique	ヴェロニック		
Virginie	ヴィルジニー		

男女両方に用いられる名前	Claude	クロード

さくいん

A

♡ a	26-28, 44		♡ appeler	36, 226
♡ à	26-28, 273		♡ apporter	36
♡ ◆À bientôt !	49		♡ apprendre	37
♡ ◆À demain !	81		♡ après	38, 273
♡ ◆à droite	90		♡ après-midi	23, 38, 279
♡ ◆à gauche	124		♡ arbre	11, 38
♡ ◆À tout à l'heure !	128		♡ argent	17, 39
♡ accord	29, 75		♡ arriver	39
♡ acheter	29		♡ as	39, 44
♡ à côté de	30		♡ Asseyez-vous.	40
♡ âge	30		♡ attendre	40
♡ ai	30, 44		♡ Attention !	41
♡ aimer	31		♡ au, aux	27, 41
♡ air	32		♡ Au revoir.	41
♡ aller	32-33		♡ aujourd'hui	41, 279
♡ aller + 不定詞	33		♡ aussi	42, 202-203
♡ ◆aller au cinéma	66		♡ automne	42, 278
♡ allô	34		♡ avant	42, 273
♡ alors	34		♡ avec	43, 273
♡ ami, amie	16, 34		♡ ◆avec plaisir	43
♡ an	35		♡ avez	43, 44
♡ André	35, 280		♡ avion	20, 44
♡ année	36		♡ avoir	44-45
♡ août	36, 278		♡ avoir + 無冠詞名詞	45

♡ ◆avoir chaud	62		♡ ◆avoir peur	199
♡ ◆avoir faim	110		♡ ◆avoir soif	231
♡ ◆avoir froid	123		♡ avons	44, 46
♡ ◆avoir l'air	32		♡ avril	46, 278
♡ ◆avoir mal à	161			

B

♡ beau, bel, belle	47		♡ bleu, bleue	24, 51
♡ beaucoup	48		♡ boire	51
♡ ◆beaucoup de	48		♡ bon, bonne	52
♡ bien	48		♡ bonjour	13, 52
♡ ◆bien sûr	49		♡ bonsoir	53
♡ bientôt	49		♡ Brigitte	53, 280
♡ billet	20, 50		♡ bruit	53
♡ blanc, blanche	24, 50			

C

♡ ça	54		♡ chance	60
♡ café	12, 18, 54		♡ Chantal	60, 280
♡ campagne	21, 55		♡ chanter	61
♡ Canada	55		♡ chaud, chaude	62
♡ capitale	55		♡ cher, chère	63
♡ Caroline	56, 280		♡ chercher	63
♡ Catherine	56, 280		♡ cheveux	13, 64
♡ ce, cet, cette, ces	56-57, 269		♡ chez	64, 273
♡ Cécile	58, 280		♡ choisir	65
♡ chaise	10, 58		♡ chose	65, 217
♡ chambre	10, 59		♡ cinéma	19, 66
♡ Chamonix	60		♡ cinq	66, 270

♡	classe	66	♡	connaître	71
♡	Claude	67, 280	♡	content, contente	72
♡	combien	68-69, 274	♡	côté	30, 72
♡	comme	69	♡	couleur	24, 72
♡	commencer	69	♡	courses	17, 73
♡	comment	70, 274	♡	court, courte	73
♡	comprendre	70	♡	coûter	74
			♡	cuisine	12, 74

D

♡	d'accord	75	♡	descendre	84
♡	dans	75, 273	♡	deux	84, 270
♡	dans + 時間表現	76, 273	♡	devant	85, 273
♡	danser	76	♡	devoir	85
♡	de	77-78, 194, 273	♡	difficile	86
♡	de l'	80, 91, 268	♡	dimanche	22, 86, 279
♡	de la	80, 91, 268	♡	dîner	86
♡	◆De rien.	222	♡	dire	87
♡	debout	78	♡	dix	87, 270
♡	décembre	78, 278	♡	dix-huit	87, 270
♡	déjà	79	♡	dix-neuf	88, 270
♡	déjeuner	79	♡	dix-sept	88, 270
♡	demain	81, 279	♡	donner	88
♡	demi, demie	81	♡	dormir	89
♡	depuis	82, 273	♡	douze	89, 270
♡	dernier, dernière	82	♡	droit	90
♡	derrière	82, 273	♡	droite	90
♡	des	83, 246, 268	♡	du	91, 268

E

♡ eau	12, 92
♡ école	19, 92
♡ écouter	93
♡ écrire	94
♡ église	19, 95
♡ eh	95
♡ ◆eh bien	95
♡ elle	96, 266
♡ elles	97, 266
♡ en	98, 273
♡ en face	99
♡ ◆en face de	99
♡ encore	100
♡ enfant	15, 100
♡ ensemble	101
♡ entendre	93, 101
♡ entre	102, 273
♡ entrer	102
♡ envoyer	103
♡ Eric	103, 280
♡ est-ce que	104
♡ et	105
♡ été	105, 278
♡ êtes	105, 106
♡ être	106-107
♡ ◆être là	107
♡ ◆être à + 人	107
♡ étudiant, étudiante	16, 108
♡ euh	108
♡ eux	109, 266
♡ examen	109
♡ Excusez-moi !	109

F

♡ face	99, 110
♡ facile	110
♡ faim	110
♡ faire	111
♡ ◆faire des courses	73
♡ ◆faire la cuisine	74
♡ fais, faisons, fait, faites	110, 112
♡ falloir	112-113
♡ fatigué, fatiguée	114
♡ faut	112, 114
♡ femme	14, 114
♡ fenêtre	10, 115
♡ fermé, fermée	115
♡ fermer	115
♡ février	116, 278
♡ fille	14, 116
♡ fils	15, 116

♡ fini, finie	117	♡ français, francaise	120
♡ finir	117	♡ France	121
♡ fleur	11, 118	♡ François, Françoise	8, 121, 280
♡ fois	118	♡ frapper	122
♡ font	111, 118	♡ frère	15, 122
♡ fort	119	♡ froid, froide	122
♡ franc	17, 119	♡ fromage	12, 123
♡ français	120		

G

♡ garçon	14, 124	♡ gentil, gentille	125
♡ gare	18, 124	♡ Gilles	125, 280
♡ gauche	124	♡ grand, grande	126
♡ gens	14, 125	♡ gros, grosse	126

H

♡ habiter	127	♡ hiver	129, 278
♡ haut, haute	127	♡ homme	14, 130
♡ Hélène	8, 280	♡ hôtel	18, 130
♡ heure	128	♡ huit	130, 270
♡ hier	129, 279		

I

♡ ici	131	♡ ◆il ne faut pas + 不定詞	113
♡ idée	131	♡ ◆il reste	221
♡ il	132, 266	♡ il y a	134
♡ ◆il fait chaud	62	♡ ils	132, 266
♡ ◆il fait froid	123	♡ important, importante	134
♡ ◆il faut + 名詞	112	♡ intéressant, intéressante	135
♡ ◆il faut + 不定詞	112	♡ Isabelle	135, 280

J

♡ Jacques	136, 280	♡ Je vous en prie.	140
♡ jambe	13, 136	♡ joli, jolie	140
♡ janvier	136, 278	♡ jouer	140
♡ Japon	137	♡ jour	141
♡ japonais	137	♡ journal	11, 141
♡ japonais, japonaise	137	♡ journée	142
♡ jardin	11, 138	♡ juillet	142, 278
♡ je	138, 266	♡ juin	142, 278
♡ Jean, Jeanne	8, 138, 280	♡ Julie	142, 280
♡ jeudi	22, 139, 279	♡ jusqu'à	143, 273
♡ jeune	139	♡ juste	143

K

♡ kilomètre	144	♡ kilo / kilogramme	144, 270

L

♡ l'	145-147, 268	♡ lire	152
♡ la	28, 145-147, 268	♡ lit	10, 153
♡ là	28, 146	♡ livre	10, 153
♡ le	145-147, 268	♡ loin	153
♡ leçon	148	♡ ◆loin de	154
♡ léger, légère	148	♡ long, longue	154
♡ les	146-147, 149, 268	♡ lourd, lourde	154
♡ lettre	11, 149	♡ Louvre	155
♡ leur	150-151, 269	♡ lui	155, 266
♡ leurs	151, 269	♡ lundi	22, 156, 279
♡ libre	152	♡ Lyon	156

M

- ♡ M. 157, 173
- ♡ ma 157, 172, 269
- ♡ Madame 157
- ♡ Mademoiselle 158
- ♡ mai 159, 278
- ♡ main 13, 159
- ♡ maintenant 160, 279
- ♡ mais 160
- ♡ maison 11, 160
- ♡ mal 161
- ♡ malade 161
- ♡ maman 15, 162
- ♡ manger 162
- ♡ marcher 163
- ♡ mardi 22, 163, 279
- ♡ Marie 163, 280
- ♡ mars 164, 278
- ♡ Marseille 164
- ♡ matin 22, 164, 279
- ♡ mauvais, mauvaise 165
- ♡ médecin 16, 165
- ♡ mer 21, 166
- ♡ merci 166
- ♡ mercredi 22, 167, 279
- ♡ mère 15, 167
- ♡ mes 167, 172, 269
- ♡ mettre 168
- ♡ Michel, Michèle 168, 280
- ♡ midi 22, 169, 279
- ♡ minuit 169, 279
- ♡ minute 169
- ♡ Mlle 158, 170
- ♡ Mme 157, 170
- ♡ moi 170, 266
- ♡ moins 171, 202-203
- ♡ mois 171, 278
- ♡ moment 171
- ♡ mon 172, 269
- ♡ Monique 173, 280
- ♡ Monsieur 157, 173
- ♡ montagne 21, 174
- ♡ monter 174
- ♡ montre 17, 175
- ♡ mot 175
- ♡ musée 19, 176
- ♡ musique 176

N

- ♡ Nathalie 177, 280
- ♡ ne ... pas 177
- ♡ ne ... plus 178
- ♡ ◆ne ... rien 222
- ♡ neuf 178, 270
- ♡ Nice 178

♡ Nicolas	178, 280		♡ notre	181, 269
♡ Nicole	179, 280		♡ nous	182, 266
♡ noir, noire	24, 179		♡ nouveau, nouvel, nouvelle	47, 183
♡ nom	179		♡ novembre	184, 278
♡ non	180		♡ nuit	184, 279
♡ nos	181, 269			

O

♡ octobre	185, 278		♡ où	28, 186-187, 274
♡ on	185		♡ oui	187
♡ ont	44, 185		♡ ouvert, ouverte	187
♡ onze	186, 270		♡ ouvrir	188
♡ ou	28, 186			

P

♡ pain	12, 189		♡ Paul	8, 195, 280
♡ papa	15, 189		♡ pauvre	195
♡ par	190, 273		♡ pendant	196, 273
♡ parce que	190		♡ penser	196
♡ pardon	191		♡ père	15, 197
♡ parents	15, 191		♡ personne	14, 197
♡ Paris	192		♡ petit, petite	198
♡ parler	192		♡ ◆petit déjeuner	79
♡ partir	193		♡ peu	198, 247
♡ pas	177, 194		♡ peur	199
♡ ◆pas encore	100		♡ peut, peuvent, peux	199, 206
♡ pas de	194		♡ Philippe	280
♡ passeport	20, 194		♡ pied	13, 199
♡ passer	195			

♡	Pierre	200, 280	♡	pour	205, 273
♡	place	19, 20, 200	♡	pourquoi	206, 274
♡	plaisir	43, 200	♡	pouvoir	206-207
♡	plaît	201, 230	♡	premier, première	207
♡	pleurer	201	♡	prendre	208-209
♡	pleut	201, 202	♡	préparer	210
♡	pleuvoir	202	♡	près	210
♡	plus	178, 202	♡ ◆	près de	210
♡	plus	202-203	♡	prie	140, 211
♡	pomme	12, 203	♡	printemps	211, 278
♡	porte	10, 204	♡	prochain, prochaine	211
♡	possible	204	♡	professeur	16, 212
♡	poste	18, 204			

Q

♡	quand	213, 274	♡	quel, quelle	216-217, 275
♡	quart	213	♡	quelque chose	217
♡	quatorze	214, 270	♡	question	217
♡	quatre	214, 270	♡	Qu'est-ce que	215, 218, 275
♡	Que	214-215, 275	♡	Qui	218-219, 275
♡ ◆	Que	214, 275	♡ ◆	Qui est-ce que	219, 275
♡ ◆	Qu'est-ce que	215, 275	♡ ◆	Qui est-ce qui	219, 275
♡ ◆	Qu'est-ce qui	215, 275	♡	quinze	219, 270

R

♡	regarder	220, 257	♡	rester	221
♡	René	220, 280	♡	réussir	221
♡	rentrer	220	♡	revoir	41, 222
♡	restaurant	18, 221	♡	riche	222

♡	rien	222	♡	rouge	24, 223
♡	robe	17, 223	♡	rue	19, 223

S

♡	sa	224, 232-233, 269	♡	soif	231
♡	sac	20, 224	♡	soir	23, 231, 279
♡	saison	225, 278	♡	soleil	21, 232
♡	salle	225	♡	sommes	106, 232
♡	samedi	22, 225, 279	♡	son	232-233, 269
♡	s'appeler	226	♡	sont	106
♡	savoir	71, 227	♡	Sophie	234, 280
♡	seize	227, 270	♡	sortir	234
♡	semaine	228, 279	♡	sous	235, 273
♡	sept	228, 270	♡	suis	106, 234
♡	septembre	228, 278	♡	sur	235, 273
♡	ses	229, 232-233, 269	♡ ♦	sur votre droite	90
♡	si	229	♡ ♦	sur votre gauche	125
♡	s'il vous plaît	17, 230	♡	sûr	49, 236
♡	six	270	♡	Sylvie	236, 280
♡	sœur	15, 230			

T

♡	ta	237, 240, 269	♡	Thomas	239, 280
♡	table	10, 237	♡	timbre	239
♡	taxi	19, 237	♡	toi	240, 266
♡	temps	238	♡	ton	240-241, 269
♡	tes	238, 240, 269	♡	tôt	242
♡	tête	13, 238	♡	tourner	242
♡	thé	12, 239	♡ ♦	tout droit	90

♡ train	20, 242	♡ très	244
♡ travail	243	♡ trois	244, 270
♡ travailler	243	♡ trouver	245
♡ treize	244, 270	♡ tu	245, 266

U

♡ un, une	246, 268	♡ un peu	247
♡ ◆Un moment !	171		

V

♡ vacances	20, 248	♡ ville	18, 254
♡ va, vais, vas	32-33, 248	♡ vin	12, 254
♡ valise	20, 249	♡ vingt	254, 270
♡ vendre	249	♡ Virginie	255, 280
♡ vendredi	22, 250, 279	♡ vite	255
♡ venir	250	♡ voici	255
♡ vent	21, 251	♡ voilà	256
♡ Véronique	251, 280	♡ voir	257
♡ verre	12, 251	♡ voiture	19, 258
♡ vers	251, 273	♡ vont	32-33, 258
♡ vert, verte	24, 252	♡ vos	258-259, 269
♡ veulent, veut, veut	252, 260	♡ votre	259, 269
♡ viande	12, 252	♡ vouloir	260
♡ vieux, vieil, vieille	47, 253	♡ vous	261-262, 266
♡ village	21, 253	♡ voyage	20, 263
		♡ vrai, vraie	263

W

♡ week-end	264

ワンポイントアドバイス

- ♡ 前置詞 à と定冠詞 le, les の縮約 …………27
- ♡ a と à のちがい　27
- ♡ アクサン記号について　28
- ♡ é と è　28
- ♡ 形容詞の男性単数第2形　47
- ♡ ce, cet, cette, ces の役割　57
- ♡ connaître と savoir　71
- ♡ 前置詞 de と定冠詞 le, les の縮約　76
- ♡ de l' と男性名詞／女性名詞の区別　80
- ♡ 不定冠詞複数形の des　83
- ♡ 部分冠詞　91
- ♡ écouter と entendre　93
- ♡ elle, elles がさすもの　96
- ♡ 乗り物につく前置詞　98
- ♡ 季節につく前置詞　99
- ♡ 疑問文の3つの作り方　104
- ♡ 非人称動詞　113
- ♡ 国名の前の前置詞 (en / au)　121
- ♡ il は「彼は」か「それは」か …………132
- ♡ 聞き取り問題での il と ils の区別 …………133
- ♡ ils と elles の使い分け　133
- ♡ il y a の否定形　134
- ♡ エリジオン　145
- ♡ 定冠詞と名詞の性数の区別　147
- ♡ les の読み方　149
- ♡ leur の使い方　150
- ♡ leur と leurs の区別　151
- ♡ mes の使い方　167
- ♡ mon, ma, mes の使い方　172
- ♡ nous の活用語尾　182
- ♡ 形容詞の位置　198
- ♡ 文頭の Que　215
- ♡ 文頭の Qui　219
- ♡ sa の持ち主の性別　224
- ♡ 否定疑問文の答え si　229
- ♡ son, sa, ses の持ち主の性別 …………233
- ♡ ton のうしろの名詞の性別　241
- ♡ 不定冠詞 un, une, des　246
- ♡ voir と regarder　257
- ♡ votre と vos　259
- ♡ vous の活用語尾　262

❤ 著者略歴

田中成和（たなか　しげかず）
立教大学，明治大学講師。
主な著書：『完全予想仏検3級，4級，5級』（共著・駿河台出版社），
ほか辞書，参考書多数。

渡辺隆司（わたなべ　たかし）
青山学院大学，日本女子大学講師。
主な訳書：『イニシャルはBB──ブリジッド・バルドー自伝』（早川書房），
ほか翻訳多数。

内田由紀（うちだ　ゆき）
筑波研究学園専門学校講師。
広告・デザイン業界でキャラクター＆イラストレーションに活躍中。

❤ このトリオでリカ・シリーズ（駿河台出版社）をノリノリ執筆中。
　フランス語教育界にレボリューションを起こそうと計画中。（らしい）

リカのフランス語単語帳500―入門編（CD付き）

2000年8月1日　初版発行　2015年5月1日　8刷発行

著　者　　田中成和・渡辺隆司
発行者　　井田洋二

駿河台出版社

〒101-0062
東京都千代田区神田駿河台3の7
電話　03（3291）1676
FAX　03（3291）1675
振替　00190-3-56669

乱丁本・落丁本はお取り替えいたします。
印刷　佃欧友社／製本　三友印刷

©2000　Shigekazu TANAKA, Takashi WATANABE, Printed in Japan.
本書の一部あるいは全部を無断で複写複製することは，法律で認められた場合
を除き，著作権の侵害となります。

ロベール・クレ仏和辞典	西村牧夫/鳥居正文ほか編訳	3200円
新・リュミエール―フランス文法参考書―（MP3 CD-ROM付）	森本英夫/三野博司著	2100円
ケータイ〈万能〉フランス語文法	久松健一著	1600円
ケータイ〈万能〉フランス語文法実践講義ノート	久松健一著	2500円
最強の使える動詞59（CD付）	藤田裕二/小林拓也著	1900円
はじめての超カンタンフランス語（MP3 CD-ROM付）	塚越敦子著	1500円
10日間でフランス語のスペルが読める！（CD付）	大岩昌子著	1800円
聞けちゃう，書けちゃう，フランス語ドリル（MP3 CD-ROM付）	富田正二/S.ジュンタ/M.サガズ著	2300円
耳から覚えるカンタン！フランス語文法	國枝孝弘著	1700円
宇宙人のためのフランス語会話（CD・CD-ROM付）	國枝孝広監修・著	1800円
自然なフランス語の上達法教えます（CD付）	久田原泰子/C.モレル著	2300円
検索一発フランス語	杉村裕史著	2100円
ダジャ単　シル・ヴ・プレ	フランス語ダジャ単編集委員会編	1500円
教えて仏検先生（CD付）	久松健一監修	5級1800円／4級1900円／3級2000円
《暗記本位》フランス語動詞活用表―仏検対応5・4・3級（CD付）―	久松健一著	1200円
ヴォキャビュレール・ヴォキャビュレール（CD付）	大久保正憲/今関アン/小関ゆり子編著	2200円
フランス語単語の力を本当につけられるのはコレだ！―基礎養成編・応用編―	早川/小幡谷/久松著	各1900円
〈データ本位〉でる順　仏検単語集―5級～2級準備レベル―	久松健一著	1500円
〈仏検2級対応〉でる順　仏検単語集（CD付）	久松健一/P.マンジュマタン著	1900円
〈仏検2級・3級対応〉フランス語重要表現・熟語集	久松健一著	1800円
英語がわかればフランス語はできる！（CD付）	久松健一著	2000円
かしこい旅のパリガイド（CD付）	田中成和/渡辺隆司著	1500円
徹底攻略仏検準2級（MP3 CD-ROM付）	塚越敦子/太原孝英/大場静枝/佐藤淳一著	2300円
完全予想仏検2級	富田正二著	筆記問題編2600円／聞きとり問題編（CD付）2000円
完全予想仏検準2級	富田正二著	筆記問題編2500円／聞き取り問題編（MP3 CD-ROM付）2000円
完全予想仏検3級	富田正二著	筆記問題編2200円／聞きとり問題編（CD付）2000円
完全予想仏検4級（CD付）	富田正二著	2600円
完全予想仏検5級（CD付）	富田正二著	3200円
フランス語のシッフル（数字）なんてこわくない！（CD付）	F.ギュマン著	2000円
これは似ている　英仏基本構文100＋95（英仏日CD付）	久松健一著	2100円

駿河台出版社　参考書

〒101-0062　東京都千代田区神田駿河台3の7　電話03(3291)1676／FAX03(3291)1675（税抜）

http://www.e-surugadai.com